あの人との関係を引き寄せる

ご縁マップのつくり方

Naomi

ビジネス社

はじめに

どんな悩みもすべては人間関係にたどり着く

突然ですが、あなたが今悩んでいることは何ですか？

仕事のこと？　お金のこと？　人間関係のこと？　健康のこと？

人生の悩みを大きく分けると、この４つに集約されるでしょうか。

私は仕事柄、老若男女、肩書き問わず、仕事で起こった問題、お金で起こった問題、健康で起こった問題などさまざまな悩み相談を受けることが多く、一見それぞれはまったく別ものに見えます。ところが、その原因を探っていくと必ず人間関係にたどり着くのです。

仕事やお金、健康、それぞれ問題が起こる場所や状況が違っても、人間関係が上手くいっていれば解決がスムーズでしょう。そもそも問題自体が起こらなかったかもしれません。経営の神様と呼ばれた松下幸之助さんも著書『人を活かす経営』のなかで、「この世のすべていっさいは人を抜きにしては考えられない。どのような問題であろうと、人とのかかわりがあるからこそ問題になる」とおっしゃっています。

つまり、人間関係の構造やその解決法を知っていさえすれば、人生はとても楽に生きやすくなるのです。もちろん、その悩みがゼロになることはありません。ただ、軽減させてゼロに近づけることで気持ちを楽にさせることはできるのです。

では、この人間関係の悩みというのはいったいどこからくるのでしょう？　よくある相談のひとつに、「仕事の内容は好きで楽しいのですが、なぜか上司がいつも私のところばかりに仕事を回してくるんです。休みもままならず毎日残業ばかりで、このままでは体を壊しそうで。退職も考えていますが、上司が辞めさせてくれないんです」というもの。相談者の言い分は、「自分は会社を辞めたい、上司から離れたい。でも、上司や会社が辞めさせてくれない」です。

さて、本当にそうなのでしょうか？

本気で辞めようと思えば、上司に何を言われようが、会社にどれだけ引き止められようが、さっさと辞表を提出するでしょう。そうお伝えすると「そんな無責任なことはできません。私がいなくなれば仕事が回らず会社も大変なことになります」と言われます。確かに、急に自分が辞めるというと周りに仕事の負担がかかるでしょう。でも会社というものは、誰かが辞めてもいきなりつぶれたりはしません。実際はどんなにできる社員が辞めても、数週間も経てば必ず誰かが代わりに仕事をして回っています。会社というものはそういうものなのです。つまり相談者は、「私は仕事ができるから私のところに仕事が回ってくる。上司は仕事ができる自分を頼っているから、私が辞めると上司も会社も困る」と考えているのです。「私が上司や会社を支えているんだ」と。仕事ができる自分は上司や会社の強力なサポーターであるという自負があるから、ハードな仕事もこなせているということです。

「それでは、あなたのお腹のなかはどう思っているのか、潜在意識の上司への思いを見てみましょう」とセッションを進めていくと、まったく真逆の結果が出てきます。自分が顕在意識（頭）ではサポートしていると思っている上司に、潜在意識では自分がサポートしてもらっていると思っているのです。つまり上司が辞めさせてくれないのではなく、自分が上司から離れたくないと思っていたわけです。相談者に「あなたが上司から離れたくないと思っていますよ」とお伝えすると驚いて、「そんなことないです！」と反論されます。でも、潜在意識はそう言っているのです。

人は頭（顕在意識）とお腹（潜在意識）で思っていることの温度差に大きなストレ

スを抱えます。この温度差をなくしていけば、人間関係の悩みは激減していくのです。自分はどんなところに温度差を抱えやすいパターンを持っているのか、その原因はどこから来ているのか、どうすればその温度差を少なくできるのか——。それがわかれば、自分の人生がとても生きやすくなります。

本書では、潜在意識下の人間関係を視覚化するＮａｏｍｉオリジナルの「ご縁マップ」を活用して、こころのなかでは誰を一番大好きだと思っているのか、どうしてこの人との関係性に悩むのかをひも解いていきます。

本書を読まれて、「ずいぶん人との付き合いが楽になった！」「心が軽くなった！」「人生が楽しいと思えるようになった！」と感じてもらえたら幸いです。

２０１６年９月

Ｎａｏｍｉ

ご縁マップのつくり方　目次

はじめに　どんな悩みもすべては人間関係にたどり着く……002

プロローグ

「ご縁マップ」誕生のきっかけ……013
自ら出した答えには……014
職場を卒業するきっかけ……017
自分が決めるということ……020
あなたの家賃は交通費……021

第1章 ご縁をキレイに回す

スーパーの買い物カゴから、世界情勢が見えた！……026
新入社員でいきなり売り場マネージャーに……029
人生初めての大きな挫折……031
潜在意識との出会い……033
大きな役目を果たす前の難とは……035
自分と自分、自分と他人とのつながり……038
ご縁の回し方……040
ご縁には、2つある……042
最高の出会いと最低の出会い……044
恵まれるご縁と疎遠（疎縁）になるご縁……046
自分のステージを変えたいときに起きること……049
「最近、キツくなったね」と言われる本当の理由……052
目の前の小さなご縁を……054

第2章 「ご縁マップ」で本当の気持ちがわかる！

「ご縁マップ」とは……056
STEP 1 「ご縁マップ」をつくろう！……059
2種類の「ご縁マップ」のつくり方……059
ご縁マップのルール……061
STEP 2 「ご縁マップ」を読みとく……064
記入した場所でわかる相手への気持ち……064
A いつも一緒にいたい！ 好印象系ぞっこんグループ……069
B 何でも話せる！ 癒し系親友グループ……073
C 離れられない！ 依存系グループ……075
D たまにカチンとくる？ 異星人系グループ……080
E アイツが気になる！ ライバル系グループ……084
F あの人スゴイ！ 憧れ尊敬の教祖系グループ……086

ご縁マップの位置の意味 ① 上、真ん中、下に配置した人との関係 088
ご縁マップの位置の意味 ② 左、右の位置に配置した相手との関係 092
記入した順番にも意味がある 094

第3章 「ご縁マップ」は今の自分を写す鏡

ご縁マップでわかる今のあなたの立ち位置 098
ご縁マップのありがちパターンから今の人間関係が見えてくる 100
何度も書くことで読みとける相手の役割の変化 104
直感や違和感を無視すると 105
自分の人生の名脇役は誰？ 108
実例体験談 ① ② 109

第4章 「ご縁マップ」徹底活用マニュアル

恋愛・結婚関係

悩み① 片思い中の人に自分の印象をよくしたい……118
悩み② 恋人や夫婦の会話を増やしたい……123
悩み③ 恋人、夫や妻にイライラしたり、ケンカばかりしてしまう……127
悩み④ この人と結婚していいのかと迷っている……133
悩み⑤ 別れるべきかどうかわからない・離婚に踏み切れない……137

家族（子育て・嫁姑）友人関係

悩み① 子供と合わない！　上手にコミュニケーションをとりたい……143
悩み② 夫や妻の実家とトラブルなく過ごしたい……149
悩み③ トラブルメーカーの友人・知人と距離を置きたい……151

悩み④ 親友と呼べる人がいない …… 154
悩み⑤ 新しい友人ができない …… 155
悩み⑥ ママ友のいじめから脱出したい …… 156

ビジネス関係

悩み① 苦手な上司との関係を改善したい …… 158
悩み② できない部下を叱れない …… 161

第5章 「ご縁マップ」Q&A …… 165

第6章 ご縁に恵まれるためにできること

ご縁が人を成長させる …… 178
スゴイ人につながることがスゴイことではない …… 179

不特定多数より特定の数人 180
無理をしなくても、必ずつながる 182
本当のご縁が見えるのは、「何かあったとき」 184
同じ世界にいる人とは、離れていても出会う 187
ご縁にも四季がある 188
あなたに、たった一言を伝えるためのご縁もある 189
本気で変わりたいときは、ひとりで行動する 191
ご縁の法則 193
私にとってご縁とは 194
おわりに 197

プロローグ

「ご縁マップ」誕生のきっかけ

「Ｎａｏｍｉさんが仕事を辞めてからも、前職との人間関係が切れないのはなぜですか？　その方法が知りたいです」

自分で企画したセミナーを開催するようになったあるとき、受講者がこんなリクエストをしてくれました。一般的には、仕事を辞めると肩書きもすべてなくなってしまうため、職場で得た関係は切れがちになります。しかし私の場合はありがたいことに、退職後も仲の良い人がたくさんいました。しかも「今まで会社員だったから、顧客と社員という立場上、誘いにくかった」と声をかけてくださる元クライアントや取引先の人々が多く、退職したからといって仕事関係が切れることはありませんでした。

おかげさまで独立することへの不安はあっても、寂しい思いをすることはなかったのです。それを「なぜ？」と質問されたことで、自分でもあらためて考える機会をもらった気がしました。そのリクエストに応える形で「コミュニケーションセミナー」を開催することになったのです。コミュニケーションセミナーといっても、参加者同士で会話の練習をするなどのテクニック的なものではありません。パステルという画材道具を使って好きな絵を画用紙に指で描いてもらい、そのなかに今までかかわってきた人の名前を好きなだけ書いてもらうというものでした。

自ら出した答えには

私は前職時代、ショールームを兼ねた直営店のスタッフとしてカウンセリングしながら瞑想用の香りを販売していました。この香りは、トップアスリートのメンタルトレーニングや代替医療の現場で使用される東洋医学の発想に基づいたものです。ただ、香りの効果は目に見えないもの。このため、その効果を数値や映像で見せることができる脳波測定、脳年齢測定、オーラ・チャクラ測定などの機器を活用しながら、いかにお客さまに納得してもらえるかに力を注ぎながら接客をしていました。なぜなら人は目で見て「納得」できると、自ら一歩を踏み出せるからです。

心のどこかで「自分の人生を変えたい」「もっと違う人生があるはず」「自分の潜在能力を開花させたい」と思っている人がとても多いのです。その想いを現実の形にするためにも、私たちがその背中を押して勇気を与えることが必要だったのです。そのためには、「なるほど!」「あ、ごもっともです」と、視覚化してわかりやすく説明することが何よりも大切でした。

ところが機器類に頼って視覚化していると、理論的にものを考える左脳優位な人(特にビジネス意識の高い男性)ほど、「どうせ機械が言っていることでしょう? このなかにデータが入っていてそれで適当に出しているんじゃないの? みんな同じようなデータなんじゃないの?」と言われることもありました。「そんなことはないんだけどなぁ」と私の心は常にその思いにあふれていたのを覚えています。

経営者・起業家・学者・医者・作家・スポーツ選手・スポーツトレーナー・技術職・ビジネスマン・OL・主婦・学生・子供……、老若男女、年代問わず、いろんな人のパターンを見てきました。こんな数値や映像を出す人がこの香りを選ぶとこんな結果が出やすい、といった自分なりの分析もしていたのです。そんな私からすると、正解率100パーセントとまでは言わないまでも、傾向は顕著に結果に出ているという確信がありました。

お店に来る人に自分のなかから出てきた答えなのだと納得してもらうにはどうしたらよいか。そう思い続けていたときにパステルアートに出会いました。パステルは、クレヨンのような画材道具です。そのままでも描けますし、カッターや茶こしなどで粉状にして指でも描けます。「これは使える!」私は早速習いに行き、お店でも試してみました。パステルは太いため完成度を気にせず自由に描きやすく、短時間で仕上がります。

また指を使って描くことで、その人の持つエネルギーがそのまま絵に入るため、明るい色を使って描いても重そうに感じたり、暗い色を使って描いても軽そうに見えたりします。これは直感を大事に描き、香りの効果を見てもらうには絶好の道具でした。

実際に香りを嗅ぐ前に描いた絵と嗅いだ後に描いた絵では、まるで別人が描いたのかと思うほど違っていました。その変化を説明すると、「ああ、なるほど……。ごもっともです」と苦笑いしつつも納得して、その結果を素直に受け入れてもらえました。

なぜなら、香りも絵も本人が選択して描いたもので、誰の手も加えていなかったからです。

絵を活用することによって、自分の人生に変化を求めて香りを試しに来る人の背中を押せる確信が持てました。

職場を卒業するきっかけ

私は丸5年間その職場で働きましたが、3年目あたりから「辞めたい」と思うようになりました。いろいろ精神的にとても苦しく、逃げたい一心だったのです。しかし、「年齢的にも今から辞めてこの先どうするの？」新たな道を選ぶほどの強い意思力も挑戦力もなく、なんだかんだと自分の気持ちをごまかしながら日々を過ごしていました。でもそんな私を、お客さま、取引先の人、同僚と、その時々に助けてくれる人が必ず目の前に現れたのです。

あるとき、Aさんという女性が中途採用で入社してきました。そのAさんに「あなた、こんなところで何をしているんですか？　あなたにはあなたのお役目があるでしょう？　早くここから卒業してください。あなたが卒業するまで、私はここを守りますから」

と急に言われたのです。最初は「この人は一体何を言っているの？」と不可解に思いました。お役目があると大層なことを言われても何をすればいいのかピンときません。ところが「辞めたら何かあるのか？」そんなことを思いはじめた私にそれ以降、不思議なことがどんどん起こりはじめました。

Aさんは毎日のように、私に言葉を降ろしてくれました。私を守ってくださっているうしろの人たち（神様、ご先祖さま、守護霊のような人たち）の言葉を、Aさんが通訳してくれたのです。

「あなたのエネルギーは大きいし強い。私はあなたほどのエネルギーはないし、あなたの近くにいるだけで正直しんどい。私はこんな役目は受けたくなかったけど、あなたのうしろの人たちが『何とか気づかせてやってくれ』って、あまりにもお願いしてくるから、どうやってもあなたから離れられなかったわ」と笑いながら教えてくれたことがありました。それほど、うしろの人たちも「Ｎａｏｍｉさん、あなた本当にわかってないな〜。早く気づいてね」と私に伝えたいことが多かったのでしょう。

あるとき「スタッフルームの机の上に置いておいたから読んでおいてね」とAさん

に言われ、机の上を見ると、小さな紙にぎっしり書かれたメッセージが置いてありました。私以外の人が読めば、抽象的な言葉だったかもしれません。でも私には、そのすべてがグサグサと痛いほど胸に突き刺さってきました。突き刺さるといっても、気持ちが通じてくるという意味で、その言葉から受け取れるエネルギーはとても温かく優しく包み込んでくれるものでした。

Aさんが言葉を降ろしてくれるようになってからは、瞑想するとより一層誰かが私を温かく包み込んでくれる感覚がありました。「何をしても守ってもらっている」「常に味方でいてくれている」そんな不思議な安心感があったのです。

またあるとき、いつも一方的に言葉を降ろしてくれたり、私の質問に口頭で答えてくれたりしていたAさんに「私が心でAさんに質問するから、YESかNOで答えてくれる?」とお願いしました。本当に私のうしろの人たちはいるのか、私のことをわかってくれているのか試してみたくなったのです。その結果はもちろん、質問の回答すべてが納得できるものでした。

自分が決めるということ

そんな不思議なことが日々起こるうちに、私のなかで次第に「卒業する（退職する）」という意思が固まってきました。正直、辞めて何をするかなど決まっていませんでした。何をしていいのか、私のお役目が何なのかもわかりません。でも、「卒業する」ということだけは決めたのです。そこに一抹の不安もありませんでした。私の気持ちを周りに伝えると「あなたの人生だし、好きに生きたら？」という答えが返ってきました。以前、辞めたいと伝えたときは「辞めてどうするの？」と即座に返ってきたのに、自分が覚悟を決めてしまうと言葉は必要なく、それだけで周りに伝わったのです。「自分が決めたら、決めたように周りは動く」「気（エネルギー）が変われば、現実は動く」と身をもって体感した瞬間でした。

会社に私の意思を伝えると、代わりのスタッフを育ててから辞めてほしいと言われ、退職は1年後と決まりました。ちょうど入社して4年目でした。それから卒業するまでの1年間、自分が現場で経験して学んできたことをまとめてマニュアルにしたり、遠方の取引先まで足を運んだり、今までやりたいと思いながらなかなかできなかったことをどんどん実行しました。

そして1年後、私は念願の卒業式を迎えました。円満退職のために1年待ったのに、最後にあまり円満でないことが起こりました。でも、それもAさんに言わせれば「あなたが円満に退職したら、ここが気になるあなたの意識はずっと残ったままでしょう？　さっさとここのことは忘れて、自分の道に行きなさいってことよ」と、さらっと励ましてくれたのです。起こったことはショックでしたが、この言葉に妙に納得しながら、私は会社を後にしました。

あなたの家賃は交通費

会社から実際に卒業はしたものの、自分の道を見つけること、自分の役割（使命）を生きることはとても難しいものでした。「どこにあるの？　何をすればいいの？」ともがく日々……。そんなとき、「セミナーをしてくれない？」と前職時代のお客さまからリクエストがあったのです。「あ、何か私から聴きたいことがあるんだ」と素直に引き受けました。いつも励ましてくれていたAさんにも「あなたは絵が武器になるから、それを活用しなさい」とアドバイスをもらい、絵を描くイベントに出てみたり、個展を開いてみたりと自分ができることに取り組むようになっていたのです。

「セミナーをするなら、どこか場所を借りたほうがいいのかな」と不動産を探そうとする私に、Aさんは「あなたはご縁の人です。あなたの家賃は交通費だから、家賃など無駄な固定費はかけなくていい」と言います。でも「ご縁の人」と言われても、「ご縁」とは人に会いに行くこと、人と人とをつなげることくらいしか浮かばなかった私は何をしていいのかわかりません。

とにかく自分が動いて人に会いに行けばいいのか？　と単純に考えて、ひたすら交通費を湯水のように使い、自分の足を使って動き回りました。会社を辞めて給与もないので、どんどん貯金はなくなります。それが底をつきそうになっても、交通費だけは気にせずに使いました。デパートでセールをしている1万円の洋服を高いと思っても、3万円の交通費はなぜか高いとは感じなかったのです。

今でもそうですが、私の交通費は確かに家賃分かかっています。「この交通費があれば、十分に条件のいい素敵なマンションが借りられるなぁ」と、ごくたまに思うこともあります。でも、交通費を削減しようと思ったことは1度もありません。それは交通費以上の素晴らしい出会いに、いつも恵まれていたからです。デパートのお洋服は買えなくても、心はいつもとても豊かでした。

そうやって動き回っているうちに、わざわざ時間と交通費を費やして人に会いに行くことがどんなに大切なのか、理解できるようになっていったのです。

「わざわざ」動くから、自分の想いも相手にめいっぱい伝わり、相手からもめいっぱいの想いを伝えてもらえました。一瞬のために時間をつくって動ける人が、一瞬のために時間をつくって動いてもらえるのです。

しかも「わざわざ」のエネルギーはパワフルで、自分でも驚くほど恵まれることが起こりました。素晴らしい人との出会い、素晴らしい情報にも恵まれるようになり、面白いほど人やものや情報がつながっていきました。時間とお金をかけた分の何十倍も何百倍も得るものがあったのです。

お金と時間をとことんかけて自分の足で学んできたことで、自分のなかでどうやったら人とつながっていくのかという「ご縁の法則」ができ、「ご縁マップ」を完成させることもできました。もちろん、この「ご縁の法則」をつくることを目的にしていたわけではありません。そのときそのとき、目の前に来る課題やチャンスを自分なりにクリアしようとした結果、手に入れたものが「ご縁の法則」だったのです。

第1章

ご縁をキレイに回す

スーパーの買い物カゴから、世界情勢が見えた！

私は学生時代、さまざまなアルバイトを経験しました。変わりどころでは、神社で巫女をしたり、美容院でシャンプーしたり、テレフォンアポインターやサービスエリアで車の通行量を調べたり。また大学の専攻が教育だったことから、塾で個別指導や試験監督などをしたりもしました。それだけ多くのアルバイトを経験したなかで、「こんなに面白い仕事はほかにない！　遊園地よりも楽しい！」と感動してハマったのが、スーパーマーケットの食品レジのアルバイトでした。

「スーパーの食品レジでアルバイト？　もっと割のいい、イメージのいい仕事があるでしょう？」そう言われたこともあります。私自身も食品レジのアルバイトを経験するまでは、決していいイメージを持っていたわけではありません。でも放課後を有効に活用できて、しかも夜の時給が高くなる大手スーパーの食品レジのアルバイトは私にとって好条件でした。新聞の折り込みチラシを見た母がたまたま教えてくれたこのアルバイトが、私の未来や人生を大きく変えていくきっかけになったのです。

おもな仕事はレジから一歩も動かず、お客さまが持ってこられたカゴのなかにある商品のバーコードを通すだけの、いわゆるレジ打ち。でもこれが世のなかの動きや、その人の今の状況が手に取るように見えたのです。たとえば、

「あ、この人は几帳面だな。カゴのなかがとってもキレイ。ちゃんと瓶ものを立ててある」「同じようなものがいっぱい！　この人は心配性かも。これとこれ、どっちか一つでいいんじゃないのかな？」「この人は無駄なものは一切買わずに、毎日必要なものだけカゴに入れている。きっと賞味期限切れで捨てることはない計画性がある人なんだな」「あ、この人、乗せられやすいな〜。限定の新商品ばっかりだ！」「わぁ〜、この人はスーパーの思うツボ！　これって本当はお得商品じゃないのに」「この人賢い！　底値の商品しか入ってない。スーパーには有難くないな（笑）」「この人はみのもんた症候群ね。今日のテレビは納豆の話だったもの」「海を渡ってきた商品のほうがなぜ安いの？　運送費高くて、人件費も時間もかかるはずなのに……」「あれ？　この前までこの輸入商品は◯◯円で買えたのに今日は高い!?　そう言えば、円安とかニュースで伝えていたな」「あ、これいいな！　私もほしい！　休憩時間に買いに行こう」

やっている仕事内容は単純作業でも、私の頭のなかは常にフル回転だったのです。

「楽しい〜♪」常に心はウキウキしていました。

私がなぜカゴの中身だけで人の心の状態がわかったのか――。レジの仕事以外に商品整理や品出しなども手伝ったり、お客さまに商品の場所を聞かれたら答えられるように、休憩時間に売り場をウロウロしたりしていました。売り場のどこに何がどれくらい置いてあって、だいたいどういう商品が特売になって、それがどこに陳列してあるか、どういう売り場づくりになっているかという裏の状況を把握していたからです。

つまりお客さまがどういう導線を通ってレジに来たか、どのような順番で商品をカゴのなかに入れたかという情報をカゴの中身から読みとることができたのです。ときには「こんなのどこにあったかな?」と思える商品を根こそぎ入れてくる人もいて、レジにいながらにして自分の知らない商品を教えてもらい、自分の世界がどんどん広がることもありました。

「スーパーは遊園地よりも面白い!」とあまりにも楽しそうに働いていたせいか、当時アルバイトには任せたことがないという経理や総務の補助仕事の手伝いもさせてもらいました。毎日の売上金、何百万からときには何千万にもなるお金の勘定や、スタッフさんの管理や店内放送、またサービスカウンターや衣料課、住居課などあらゆる現場と作業を経験させてもらったのです。

そんな現場とマネジメント側の両方を経験させてもらったことで、両者のすれ違いも知りました。これはどこの企業でも永遠のテーマで、起こって当然のことです。役割が違うのですから、見えている景色もまったく違います。大切なのは、「わかってない！」とぶつかることではなく、どこまでお互いの思いを伝えながら歩み寄れるかどうかです。

新入社員でいきなり売り場マネージャーに

「スーパーでは、販売も営業も経理も総務も人事も教育もデザインも何でもやりたいことができる。それこそスーパーな場所だ！」と教員免許を取得したにもかかわらず、アルバイトでその楽しさを知ったことで、大手スーパーに就職しました。

ときはちょうどバブル時代に計画した店舗の出店ラッシュ。売り場をマネジメントする正社員の数が足りず、入社してすぐの研修合宿で朝から晩まで損益計算など売り場の数字を叩き込まれ、そのまま現場へと配属されました。合宿直前は満開前の桜は合宿後には散っていました。

雑貨が大好きだった私は、運よく服飾雑貨課に配属されましたが、その売り場には正社員がいません。いきなり私がマネジメントをする立場になりました。年商7000万円ほどの売り場でしたが、新入社員にすればかなりのプレッシャーです。わからないことを誰に訊けばいいのかもわからない不安と戸惑いとの戦いが配属されたその日からはじまったのです。

雑貨は食品と違って、商品の回転日数も長いものです。いかにお客さまに興味を持ってもらい、手に取ってもらい、衝動買いしたくなるほど魅力的な売り場をつくるかが勝負です。必需品と思える商品を陳列することはもちろん、「ほしい！」と心が楽しく豊かになる売り場をつくることが求められました。

遠くから見ると目立つ色、近くで見るとほしくなる色は何だろう？　そんなことを求めて色の勉強をはじめました。同じ形態のスーパーマーケットだけではなく、ディスプレイが上手で品ぞろえも最高というトップクラスの関西のデパートにも足繁く通いました。売り場で商品のタグを見てチェックをしてはトイレに駆け込んでメモをしたり、携帯でメールをしているフリをしてはディスプレイの写メを撮ったりしていました（デパートさん、ごめんなさい）。

そもそも色について学ぼうと思ったのは、目の前にいるお客さまに喜んでもらい、それがスタッフも店も喜べる結果を得るために必要だったからです

今は、色を使った仕事をしていますが「好きなことが仕事にできていいですね」とおっしゃる人もいます。でも当時はこれが将来の仕事になるとは露ほども思っていませんでした。ただ目の前のお客さまに喜んでもらい、会社の利益を最大限上げて、社員にも喜んでもらうための手段にしかすぎなかったのです。

人生はじめての大きな挫折

スーパー勤務時代は転勤族となり、地方在住。休みの日は近所のスーパーへの市場調査のみならず、高速を飛ばし主要百貨店にも通い、ディスプレイの勉強をしていたので、プライベートな時間などほとんどありませんでした。それでもとても充実していたのを覚えています。

また、デパートの商品を見ながら仕入れ先をチェックし、バイヤーに伝えて同じよ

うな商品を入れてもらうことは、自分の意見が通っていくことでもあったのでとても楽しいことでした。このように自己流で学びながら、色の効果や色の影響を現場で覚えていきました。そのおかげか売上も面白いように上がり、100人いた同期のなかでトップの評価を得て、父に「新入社員なのにそんなにボーナスをもらえるのか!」と驚かれもしました。

仕事に対する楽しさはあった一方で、日々のプレッシャーやストレスも相当なものでした。売れると見込んだ商品が売れず、夢のなかで在庫に追われることもありました。そんな売れなかった商品のひとつに、ミッキーマウスのマフラーがありました。ディズニーランドの大スターが自分を追ってくる悪夢で目が覚める朝は最悪なものです。ミッキーが悪いわけでもないし大好きだったのに、ミッキーを見るのがつらくなることさえありました。

1年という短期間サイクルでの転居をともなう転勤、慣れないひとり暮らしと勤務時間の長さで食生活もボロボロ。カバンのなかにはいつも栄養ドリンク剤や痛み止め、風邪薬などが入っていました。薬がない生活など考えられず、時間内に通院できないから、いつも夜間の救急病院で治療を受けていました。若さと勢いで何とか乗り切っていましたが、今思えば怖いくらい後先考えず、とてもすさんだ生活パターンを繰り返していました。

このころに結婚もして、新たな未来に向けて希望を胸に歩みはじめ、必死に仕事と家事を両立するために頑張りました。しかし、無理をしすぎてしまったのでしょう。そんな夢は見事に崩れ、キャリアも家庭も両方一気に失いました。まったく食事がのどを通らず、スプーン1杯の水すらも飲めない日々が続いたのです。自分はどうなるのか、どう生きていけばいいのか、私は出口の見えないトンネルに入っていきました。

潜在意識との出会い

どうして私はこんなことを経験しているのか？　何か悪いことをしたのか？　どうしても自分がなぜこんな悲惨な状況になっているのかの答えがほしくて、必死に探し求めました。でも、なかなか答えは見つかりません。この先どうなるんだろう？　私はここに生きる価値がある人間なのか？

少し体力気力が戻って起き上がれるようになった頃「働かなちゃ」と、仕事を探し、履歴書を書きまくりました。しかし受かる会社は、高額の給料はもらえるものの働き方もプレッシャーも大変な総合職ばかり。心も体もボロボロのままで気持ちばかりが焦り、なかなか思うように心と体が動かず、転職を何度も繰り返しました。そんなときに限って、ひったくりにあって全財産を失くしたり、誰もが受かりそうな仕事の面接で落ちたりしました。

「私って、もうこの世に必要ない？」

この悪循環からなかなか抜け出せず時間だけがすぎていきました。

そんなとき、当時働いていた英会話スクールの生徒が「これ面白いよ」と貸してくれたのが、目に見えない世界のことが書いてある本でした。ここから潜在意識という世界とのつながりが深くなっていき、潜在意識や前世療法に関する書物をむさぼるように読みはじめたのです。

そして、潜在意識の世界を知ることで気づくことができました。もがき苦しんでいた私は、その答えを外にばかり求めようとしていたということに。私は目に見える世界だけで必死に答えを出そうとしていたのです。

でも本当の答えは外にではなく、自分のなかにあったのです。外ばかり探しまわるのではなく、自分のなかにあることにただ気づけばいいということがわかり、同じような失敗を繰り返してしまうのは、自分のなかの無意識に原因があるということにやっと気づけたのです。現実に起こった事実と、いままでの知識や情報をつなぎ合わせることによって、あるとき「なるほど！　だから、こんな苦しい人生を歩んでいたんだ！」と腑に落ちた瞬間に出会うことができました。

大きな役目を果たす前の難とは

長い人生において、人は自分を見失うほどの挫折や苦難を味わうことがあります。コトが大きい小さいではなく、その本人にとって大きいと感じるものです。

トラブルがあるときは「あなたの人生、今のままでいいですか？　ちゃんと自分を大事に正直に生きていますか？」というメッセージです。何の問題もなく幸せに生きているとき、人はあまり何も考えず、何にも気づかず、何にも向き合うことをしません。

でも難が降りかかってくると「どうして？」と考え、「何か間違ってる？」と必死に答えを探そうとします。この努力がいつか報われるときがくると思いながら、報われないまま傷つくこともあります。これが正しい選択と選んできたことが実は間違っていたことに気づいて呆然とすることもあります。人生、上手くいかないときは必ずあるのです。

この最中は、とにかくすべてが苦しく投げ出したくなることばかりです。でも、そのトンネルを抜けると、いろんなものが今までと違う視点で見えてきます。苦難は自分が成長するためのレッスンだったと、このときはじめて気づきます。

何の問題も起こっていないとき、人は成長するための努力ができません。恵まれた環境のなかでは気づきも感謝も少なくなるのです。でもその難があったからこそ、「有難い」と心から感謝したくなるときが必ず来ます。抜けられないトンネルはないのです。また、未来に大きなお役目を果たそうとしている人に、その前の練習として苦難がやって来ることもあります。そんなことが起こるのは、神様があなたに大役を任せたいからです。あなたなら乗り越えられる、あなたなら大きなお役目が果たせると、あなただからそんな苦難が起きているのです。

人生において課題やお役目は人それぞれで、人生を楽しみなさいと言われる人、少し困難を一緒に乗り越えてくれないかと言われる人、多くの人を助けることを君に任せたいんだと言われる人がいます。大役を任される人ほど、理不尽なことばかりが起こります。でも、逆に「どうしてここまで？」と、とても親身に助けてくれる人たちも現れるのです。未来には、「ありがとう」と感謝されることが起こります。

もし自分に起こる難に気づかないフリをしたり、気づいたのに無視をしたりしていると、「これでも気づかないですか？」と本人ではなく、その人が一番大事にしている人のところへ苦難がやって来ます。

たとえば夫婦間に問題があるのにお互い向き合うことを避けようとすると、その夫婦の子供が病気になったり事故にあったりします。夫婦2人が無理やりにでも協力せざるを得ない、向き合わなければならない状況が起こったりするのです。

苦難は確かに大変なことです。でも言い換えれば、自分自身や自分の魂と真摯に向かい合い成長させる素晴らしい機会をいただいている、ということなのです。

自分と自分、自分と他人とのつながり

私たちは、一体、ここに何をしに生まれてきたのか――。

それは「魂の成長」をするためです。私たちはもともと目には見えないエネルギー体であり、肉体はこの世の三次元で生きるために必要な入れ物でしかありません。ですから、あちらの世界にいくときは、肉体をはじめ何も持っていけず、こちらの世界で経験した考えや想いだけを持っていくことができるのです。

この魂の成長のために、私たちは今生で別れと出会いを繰り返します。自分を成長させるうえで一番必要なのが人とのかかわり、つまりは「ご縁」なのです。そして自分の成長段階に合わせて、必要なご縁は必ずやって来ます。

仏教用語である「ご縁」は、人とのつながりやかかわりなどを意味します。これに加えて「お会いするのがはじめての感じがしませんね」という、今生で会った事実はないけれど縁を感じるというような、現実世界では説明がしにくく自分の意思ではコントロールできないようなつながりの意味もあります。

「人間関係」「人脈」「ご縁」は違う

人間関係：点の関係

（私とあなた）

人 脈：線の関係

（私からあなたへ、あなたからその次の人へ…）

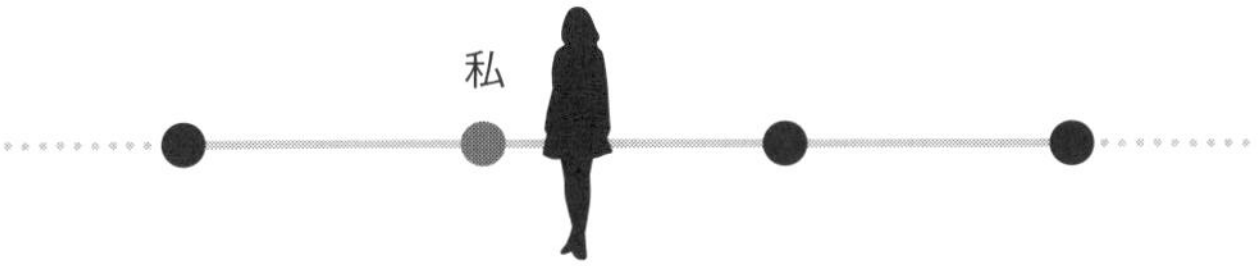

ご 縁：線が面になり球になる関係

（自分を中心に縁が渦を巻いて広がっていく）

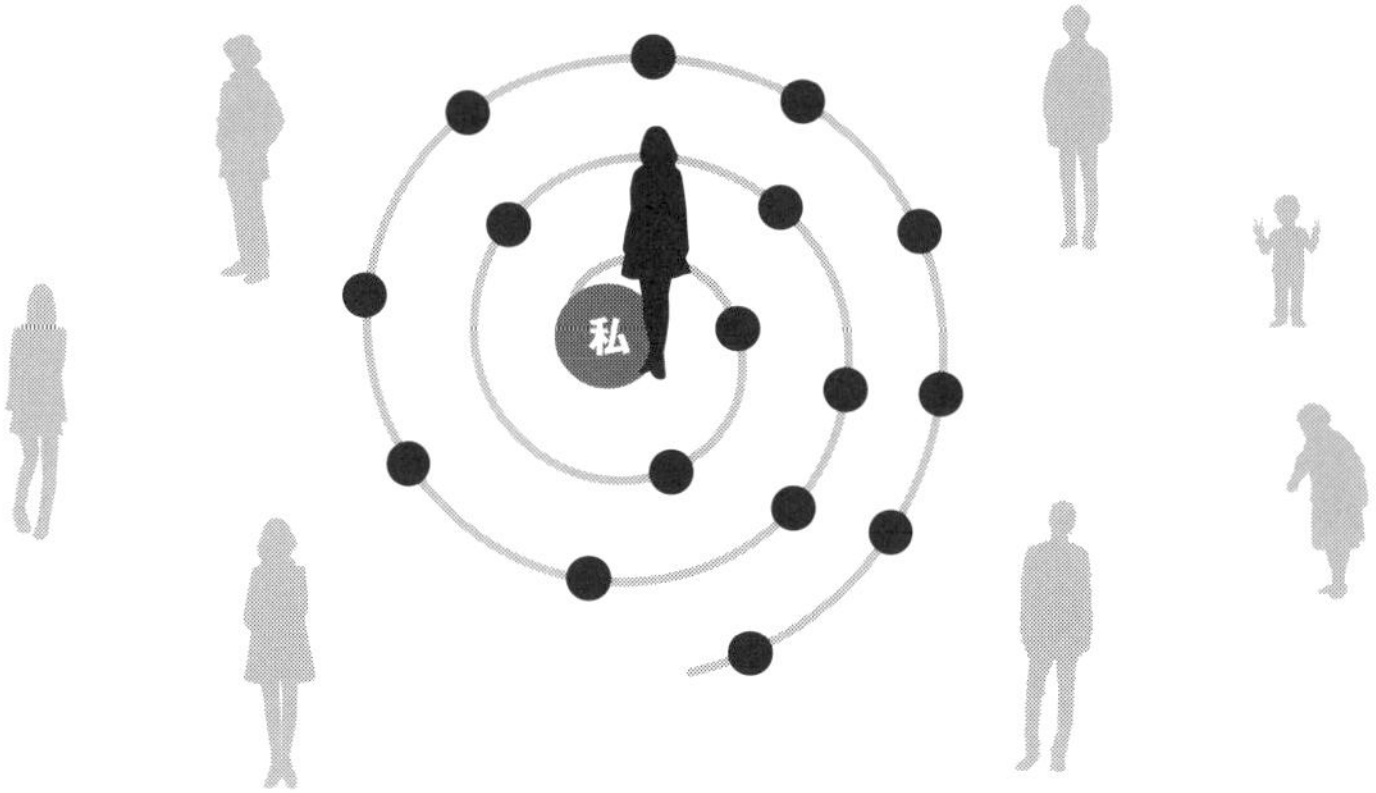

ビジネスでものを考える人や合理的で現実的な発想をされる人には、人とのつながりやかかわりは、「ご縁」よりも「人脈」と言ったほうがわかりやすいかもしれません。でも私のなかでは、「人間関係」と「人脈」と「ご縁」は、図のような違いがあります。

「人間関係」は個々の関係なので、お互いのかかわりやつながりのイメージが強いものです。「人脈」は「脈」なので、永遠につながっていく可能性もありますが、切れたらおしまいです。ですから、現実的な世界や利害関係も多いビジネスシーンでよく使われるのかもしれません。「ご縁」は「円」。これは自分軸を中心にして個々に点としてつながったものをさらに線にして、キレイな丸にしながら勢いよく回し大きくしていくものです。ですから、人脈のように切れたら終わりということがありません。この「切れたら終わり」というものがないので、必要なときにまた再会できるのです。

ご縁の回し方

ご縁は1度キレイに回してしまうと、必要な関係は待っていても引き寄せられて、向こうからやって来るようになるものです。また逆に自分のエネルギーに合わない、必要ないご縁も自然にはじき飛ばされていきます。ご縁を回す感覚とは、自転車をこぐイメージに近いでしょうか。はじめのうちは自分の力で必死にこがなければなりませんが、ある程度まで動かすと自力でこがなくても自転車は前に進むようになります。

ただキレイに回していなければ、自分にとってマイナスになる縁も入ってきたり、逆に本当は大切で必要な縁がはじき飛ばされたりもしてしまいます。自転車でたとえると、バランスがとれずに真っすぐ前に進めなかったり、途中で転んでしまったりするイメージでしょうか。何でこんな人とつながってしまったんだろう？　何であんなに大事な人が離れていってしまったんだろう？　円のバランスを崩すと、そんなことも起こってしまいます。「ご縁」はただ回すだけでなく、「キレイな円になるように回す」ことが何よりも大切なのです。

ここで言う「キレイな円になるように回す」とは、「温度差のない、自分のお腹の声に正直な人間関係を築く」ということです。本当は好きなのに口では嫌いと言ったり、本当は嫌いなのに口では好きですよと言ったり、自分に何か利があるかもと思って付き合っていたり、自分だけが得をすればいいとするような付き合い方をしていると、円はキレイに回っていきません。

「お金は天下の回りもの」「お金は経済の血液」と言いますが、自分だけが得をするように独り占めをしてしまうと、世の中の血液もとどこおり、いつかは死んでしまいます。人もお金も独り占めせず、心から相手のためを想いながらキレイに使って回しなさいということなのです。つまり、ご縁＝円＝ＹＥＮ。日本語とは本当によくできたものだと思います。

ご縁には2つある

実はご縁には2つあります。ひとつは出会いのイメージである「外（他人）につながるご縁」、もうひとつは「内（自分）につながるご縁」です。

内側、つまり、自分につながるご縁とは「あなたはあなた自身のことをどれくらい受け止めて認めていますか？」ということです。もっとわかりやすく言うと、「あなたはあなたのことが好きですか？」です。

この質問に違和感なく「はい！　１００パーセント大好きです！」と答えられる人は自分との関係が良好です。しかし「あまり好きではない」「50パーセントくらいかな」

「嫌いです」と答える人は、自分とのつながり方が浅いかもしれません。ちなみに同じ「好き」でもナルシストの大好きは、自分のある一部分だけが大好きで、もしその部分がなくなってしまうと大嫌いになる可能性があるので、前者の大好きとは大きく意味が異なります。

外につながるご縁とは、他人につながるご縁のことです。いわゆる「素敵な出会いがほしい！」というものがこの外につながるご縁になります。ただ、この縁は内につながるご縁がないとつながっていきません。つまり素敵なご縁がほしければ、まずは自分が自分のことを好きでないと、手に入れることはできないのです。

また幸運を引き寄せられる人は、幸運を引き寄せられる環境を自らつくり、幸運を引き寄せられる自分に成長しています。幸運を引き寄せられる立ち位置まで努力して進んできたからこそ、何もしなくても幸運を引き寄せられる自分になれるのです。

最高の出会いと最低の出会い

「出会いが少ない」と嘆いていたある女性B子さんに福山雅治さんそっくりの彼氏ができました。見た目はもちろん、性格もよく、経済力だって十分です。周囲に幸せ感を振りまいていた彼女でしたが、半年くらいたった後、焦燥感に襲われます。

彼氏が仕事を理由に会う時間がとれないことを、ほかの女性に心変わりしているのではと疑いはじめたのです。B子さんはひとりの時間を悶々と過ごします。自分の魅力に自信も失います。あげくにストーカーまがいの行動に出た結果、別れざるをえない状況になったのです。男女間のこうした話はよくある話かもしれません。

しかし問題の根源は、B子さんに「内（自分）につながるご縁がなかった」ということにあります。もし彼女がどんな自分も大好きだと思っていたら、ひとりでも2人の時間でも楽しめたでしょう。ひとりの時間を満たされたものにできる人は、2人でいる時間も満たされます。ひとりの時間に孤独や寂しさを感じる人は、2人でいる時間でも同じように感じます。

ひとりの時間は自分自身をワインのように熟成させます。自分自身を磨いたり心を無に近づけてリセットしたり、人としての奥深さや教養を身に着けるためには、そんな時間が必要なのです。ひとりの時間は恐れるものではなく、自分をより一層魅力的にしてくれる魔法の時間なのです。もしB子さんが内（自分）とつながるご縁に満たされ、ひとりの時間を楽しめる人であったなら、外につながるご縁も満たされ、２人の時間も存分楽しめたことでしょう。

どんなに映画やドラマの主人公のような男性との素敵な出会いがあったとしても、自分のありのままを自分が受け止めていなければ、最高の出会いも最低の出会いにしてしまうのです。素敵な出会いとは、誰かに与えられて手に入るものではなく、自分でつくっていくものです。逆に言えば、どんなに周りから評価が低い男性でもかかわり方次第で「最近の彼、何だかカッコよくない？」と言われるようになるのです。つまりは最高の出会いも、最低の出会いも、結局は自分次第なのです。

恵まれるご縁と疎遠（疎縁）になるご縁

「外につながるご縁」のなかにも、2つのご縁があります。それが「恵まれるご縁」と「疎遠になるご縁」です。疎遠になるご縁を私は「疎縁」と言います。

まず1つ目の恵まれるご縁は、何もしなくてつながっていきます。「出会いがない！」という人でも、よく見ていけば出会いはあります。映画に行くだけでも隣の人と会話できますし、コンビニに行ったり駅のホームに立っていたりするだけでも人と出会えます。あとは足を踏んでも、ものを落としても、お天気の話でも何でもいいのです。相手の人とちょっと話すきっかけをつくるだけでも、ご縁というものは簡単に恵まれます。「出会いがない！」と言う人は、自分の足元を見てみましょう。

それでも恵まれない！　と言う人は、自分にご縁を受け入れる準備ができていないのです。あるいは自分は海で生きる魚なのに、空で生きる鳥と必死につながろうとしているのです。自分のことをきちんと理解せずに、身近にいる人を疎かにし、どこか別の場所にいる人とばかりつながろうとしているのです。これでは上手くいきません。

自分としっかりつながっている人は、外へのご縁もしっかりつながっていきます。ご縁に恵まれないのは環境のせいではありません。

2つ目の「疎縁」は、恵まれるご縁に比べると格段にレベルが高く、難しいご縁です。もう少し受け入れやすい言葉で言うなら「卒業」です。それに対して、恵まれるご縁は「入学」。

子供時代を思い出してみましょう。まず、お母さんから卒業し、保育園や幼稚園に入園します。保育園や幼稚園を卒園し、小学校に入学します。小学校を卒業して、中学校に入学します。今度は中学校を卒業し、高校に入学します。さらに高校を卒業し、専門学校や大学に入学します。このように子供のころの入学と卒業は強制的なものです。泣こうが喚こうが、とにかく今いる場所からは離れて次の場所に行かなくてはなりません。そこには情はなく、寂しくても悲しくても素直に卒業することを受け入れざるをえません。そうすることで成長できるからです。夢や想いの実現に近づける自分になれるとわかっているからです。

ところが、大人になるとこのタイミングをすべて自分で決めなければなりません。

いつ就職する？　いつ退職する？　いつ転職する？　いつ結婚する？　いつ離婚する？　いつ別れる？　いつ引越しする？　これらすべてを自分で決断しなければならないのです。

大人にとって「卒業」が苦手なのは、次の入学までの春休みの期間が決まっていないことも大きな要因でしょう。子供のころの春休みは約２週間です。次に行く学校も決まっているため「自分の居場所がない」という不安もありません。大人の春休みはどうでしょう？　３日で終わるかもしれませんが、３年かかるかもしれません。いつまで続くかわからないことやリスクが大きいものに対して、自己責任をともなう決断ができません。でも、この卒業をする勇気がないために、どんどん不必要なものがたまっていき、結局は不満の多い人生を送ることになるのです。

もちろんキレイなご縁の円を回していると、自分に必要なご縁も必要なくなったご縁も自然と出入りします。自ら意図的に出入りの操作をしなくても自然に回ります。でも、たとえば、自分の夢や志を叶えるためにある一定期間大切にかかわっている人から離れる必要があるときは、自ら決断をして意図的に離れる必要性が出てくる場合もあります。

自分のステージを変えたいときに起こること

多くの場合、周りから、特に身近な人から反対をされるときは、自分の夢、志への想いの強さや覚悟、彼らから離れる勇気を自分が試されているときです。この「お試し」は、自分のステージを変えたいと思っているときに必ず起こります。

お試しとは、言い換えると「自分の覚悟が試されることが起こる」ということです。自分の人生を変えたい!! といろいろ行動すると、自分の気持ちのなかでは新しい世界に行こうとする自分に、喜びとともに不安を感じている部分があります。なぜなら今まで経験したことのない世界に行くことに、人はよくも悪くも恐怖を覚えるからです。そして新しい世界に行くことは、多大なリスクも生じるからです。

多大なリスクとは、今あるものを「手放す」ということです。ないものをもらう場合は、人はまったく悩みません。ところが、あるものを手放すには勇気がいるのです。そして、人が手放しにくい代表選手が「習慣」と「人間関係」と「お金」です。人はなるべく楽がしたいし、嫌われたくないし、生活レベルを落としたくないのです。

たとえば、「変わりたい！」と思ったあなたが素敵なセミナーを紹介してもらって、仲良しの友だちを誘って参加することになりました。自分はその内容にとても感動し、懇親会にも参加し「講師と直接話をしたい！」と思います。ところが友だちは講演会が終わったとたん「あー終わった！　お腹すいたね、何か食べに行こうよ」とあなたを誘います。でも、あなたは本当は懇親会に行きたい。そこでいろんな人たちと交流を持ちたい。でも、友だちは「懇親会代も高いし、講師と話せるとも限らないし、全然興味ない。もう話も聴いたしいいよね」と言います。さて、ここで質問です。

①あなたは友だちに「私は行きたいから」と伝えて、ひとりでも懇親会に行きますか？
②あなたは「ああ、そうよね……」と本音は隠して、友だちとご飯に行きますか？

①を選んだあなたは、今まで友だちに合わせて生きてきたことを手放し、自分の想いをきちんと友だちに伝えて、自分が本当にそのときしたいことを選択しました。あなたの選択は、あなたの魂が喜ぶ道へとつながっていきます。

②を選んだあなたは、今までと同じように友だちに合わせて生きようとし、嫌われ

ることを恐れて自分の想いを伝えられず、自分の気持ちにウソをつくことを選択しました。あなたの選択は、今までとなんら変わらない道をこれからも歩むものです。

こんなこともあります。夢を叶えたいと思っていたあなたの目の前に、ずっとやりたかった仕事ができるチャンスがやってきます。でも、その仕事に転職すると休みは減り、お給料も歩合制になり、確実に今の生活レベルは維持できなくなります。今までのように、自由にお金を使うこともできなくなります。さて、ここでまた質問です。

①あなたは現状維持の生活を手放して、夢を目指しますか？

②あなたは夢をあきらめて、現状維持の生活を選びますか？

どちらを選んでも、あなたの人生です。どちらが正しくて、どちらかが間違いということではありません。ただ、あなたが今までとは違う人生にしたいのであれば、今までと違う選択をする必要があります。魂が喜ぶ選択は、決して楽な選択ではありません。ときに厳しく、ときに踏ん張りが必要なも

のです。あなたの魂が喜ぶ選択はどちらでしょう？　このお試しに、自分の想いを貫き、強さを持って今までのものを手放すという「疎遠（疎縁）になるご縁」に必要なものも、「内（自分）につながるご縁」なのです。

「最近、キツくなったね」と言われる本当の理由

本当の自分に気づき、それが表に出だすと、よい意味で外に出すエネルギーはとてもキツくなります。それは自分軸が表面に出てきて、エネルギーで自己主張ができるようになり、醸し出す空気感が強くなるからです。

「最近、明るくなったね」これは自分が変わっていくときの周りからの褒め言葉です。「最近、キツくなったね」これも実は自分が変わっていくときの褒め言葉なのです。キツくなったという言葉だけ聞くとマイナスに捉えがちですが、殻を破って本来の自分を出すということは、意思表示がはっきりできるようになるということです。今まで言えなかったことが言えるようになり、必要ないものは断るようになるため、そんなあなたを知らない（あなたが見せてない）人にとってはキツく見えるのです。

ただ、気をつけないといけないのは無理に変わろうとすると、自分も周りもかなり違和感のある変化をします。「それって本来のあなたなの？」と。そのときのキツさは優しさのなかにある強さではなく、ただ無理やり強さを出しているだけなので長続きせず、本来の自分を否定するキツさや強さになってしまいます。

たとえば、「あなたに似合う色はこれですよ！　これであなたらしさが出せます！」と言われて、自分では違和感がありながら洋服を買ってみたものの、周りから「それって本当に似合ってるの？」と言われるときに似ているかもしれません。本来の自分を出すというのは、何も今までとまったく違う自分を出すということではなく、「元に戻る」ということなので、無理やり変わろうとしたとたんにおかしくなるのです。

息苦しいと感じることをしたり、急激に無理に変化しようとしたり、自分では違和感があるのに周りに合わせるために変化しようとしたりしないことです。あなたには、あなたのペースがあります。本来の自分を出すのに「みんな」や「周りの目」を気にしないこと。元の姿に戻るのだからマイナスの違和感はないはずです。「おかしい」と自分で感じたら、自分の変わり方には無理があり、進んでいる道はズレているということです。

目の前の小さなご縁を

内と外のご縁の両輪があってはじめて渦のように回って大きなご縁（円）になっていきます。この渦は、いきなり大きくなったりしません。すべては点、小さい渦からはじまります。素晴らしいご縁や大きなご縁に恵まれる人は、大きなご縁ばかりを狙っているのではなく、この両輪のバランスを保ちながら、目の前の小さなご縁を大切につなげてきた人なのです。未来は、今、目の前にいる人からはじまります。目の前にいる人からしかつながっていかないのです。

そしてまた、実際に目の前にいる人も、遠くにいてもあなたが常に思っている人も「あなたの目の前にいる人」です。目の前にいる人はわかりやすいのですが、あなたの「心の目の前」にいる人もそうなのです。

あなたの目の前にいる人は、誰でしょう？

第2章

「ご縁マップ」で本当の気持ちがわかる！

「ご縁マップ」とは

私が考案した、潜在意識下の人間関係を視覚化するマップ、それが「ご縁マップ」です。マップ内に気になる人の名前を書くだけで、自分がお腹のなかでは相手をどう思っているのか（潜在意識ではどう感じているのか）を簡単に知ることができます。何よりも具体的な人物名を自分で書いて視覚化していくので、占いよりも現実味があり、人間関係の悩みにおける原因も見つけやすく、その問題点も改善しやすいものです。

こんな人におすすめです

- 人間関係に悩んでいる
- 人間関係のストレスから解放されて楽になりたい
- 今の人間関係を客観的に知りたい
- 今の人間関係を整理（断捨離）したい
- 理想のビジネスパートナーを知りたい
- お見合いなど、候補が複数いるパートナー選びに悩んでいる

『ご縁 map』ブランクシート

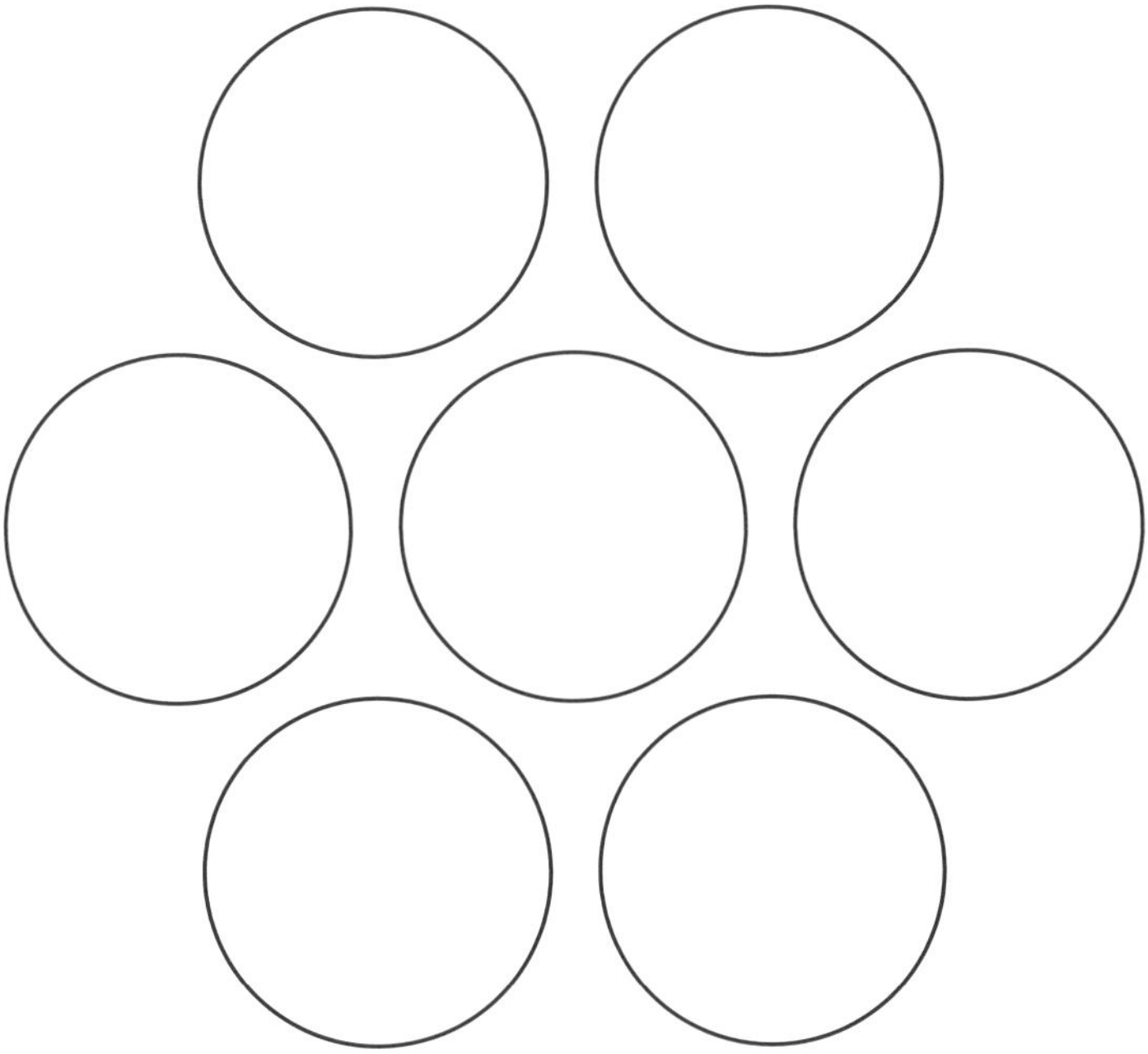

- 今の自分にとって大切なキーマンを知りたい
- 今の自分が大切に思っている、大切にしたい人を知りたい
- 誰から素敵なご縁がつながっていくのかを知りたい
- 未来の自分の人間関係予想図を知りたい
- 素敵なご縁に恵まれたい
- 自分も他人も大好きになりたい

STEP 1 「ご縁マップ」をつくろう！

「自分にかかわるすべての人間関係のつながりを知るご縁マップ」と「ある特定のコミュニティの人間関係のつながりを知るご縁マップ」の2つのつくり方を紹介します。はじめてつくる場合、まずは「自分にかかわるすべての人間関係のつながりを知るご縁マップ」を作成します。そのあとに、「家族関係だけ」「職場関係だけ」「友だち関係だけ」など「ある特定のコミュニティの人間関係のつながりを知るご縁マップ」をつくることをおすすめします。

2種類の「ご縁マップ」のつくり方

①ご縁マップを準備（57ページのブランクシートを利用、あるいは自作してもOK）。
②マップの真ん中の円に、自分の名前を書く。
③自分の名前の周りにある6つの円のなかに、今、気になる人の名前を記入。記入するときは、それぞれのご縁マップのルール（61ページ）に従うこと。

④どの円から名前を書き入れたのか、1〜6まで番号を振る。

⑤円に書いた人に対して、自分が感じる相手の印象（相手が周りから受けている評価ではなく、あなたの主観的な印象）を円の横に書く。たとえば「○信頼できる、頼りになる」「△たまにカチンとくる」など。この部分は少し時間をかけてでも、なるべく詳しく記入する。

⑤で相手との関係を詳しく記入しておくと、あとの解説を読んだときに、頭で考えている相手への印象とお腹のなかで思っていることが客観的に比較でき、より一層自分の頭とお腹の温度差がわかります。解説を読んだあとに正直な印象を書くことは、人間関係の悩みが深い人ほど難しいため、最初にしっかり記入しておくと、ちょっと冷静になって客観的に見ることができます。しっかり書いておきましょう。

自分にかかわるすべての人間関係のつながりを知るご縁マップのルール

ルール1 携帯やアドレス帳などは何も見ずに書く。

ルール2 ひとつの円に、ひとりの名前（あるいは続き柄など）を書くこと（たとえば、「母親」「父親」「下の妹」「上の妹」というように）。「両親」「妹たち」など、2名以上の名前は書かない。

ルール3 書く人は、自分が「この人との関係性を知りたい」と思う人の名前。たとえば、今一番気になる人、人間関係で悩んでいる人、人間関係を改善したい人、苦手でも付き合わないといけない人、どうかかわっていいかわからない人、お世話になっている人、大好きな人、大切な人、片想いの人、苦手な人、嫌いな人、別れたい人、離れたい人、今ぱっと思いついた人など。家族、友だち、仕事関係者、小学校時代の先生、大学時代の先輩など、誰を書いてもＯＫ。

ルール4 記入した名前の横に、相手との関係性を書いておく。たとえば、「太郎さん／気になる上司」「花子さん／ケンカ中の親友」など。

ルール5 記入する順番は自由。どの円から書きはじめても構わない。

ルール6 フルネームを書く必要はなし。ニックネームでもイニシャルでも自分が誰のことか判断できればＯＫ。

ルール7 どうしても６人の名前が書けない場合は、ブランクのまま空けておく。

ある特定のコミュニティの人間関係のつながりを知るご縁マップのルール

ルール1 携帯やアドレス帳などは何も見ずに書く。

ルール2 ひとつの円に、ひとりの名前を記入。

ルール3 書く人は、家族・職場・学校など、特定のコミュニティのなかで今一番気になる人、人間関係で悩んでいる人、人間関係を改善したい人、苦手でも付き合わないといけない人、どうかかわっていいか分からない人、お世話になっている人、大好きな人、大切な人、片想いの人、苦手な人、嫌いな人、別れたい人、離れたい人、今ぱっと思いついた人など。「この人との関係性を知りたい」と思う人の名前。

ルール4 記入した名前の横に、相手との関係性を書いておく。たとえば、「太郎さ

『ご縁マップ』つくり方の手順

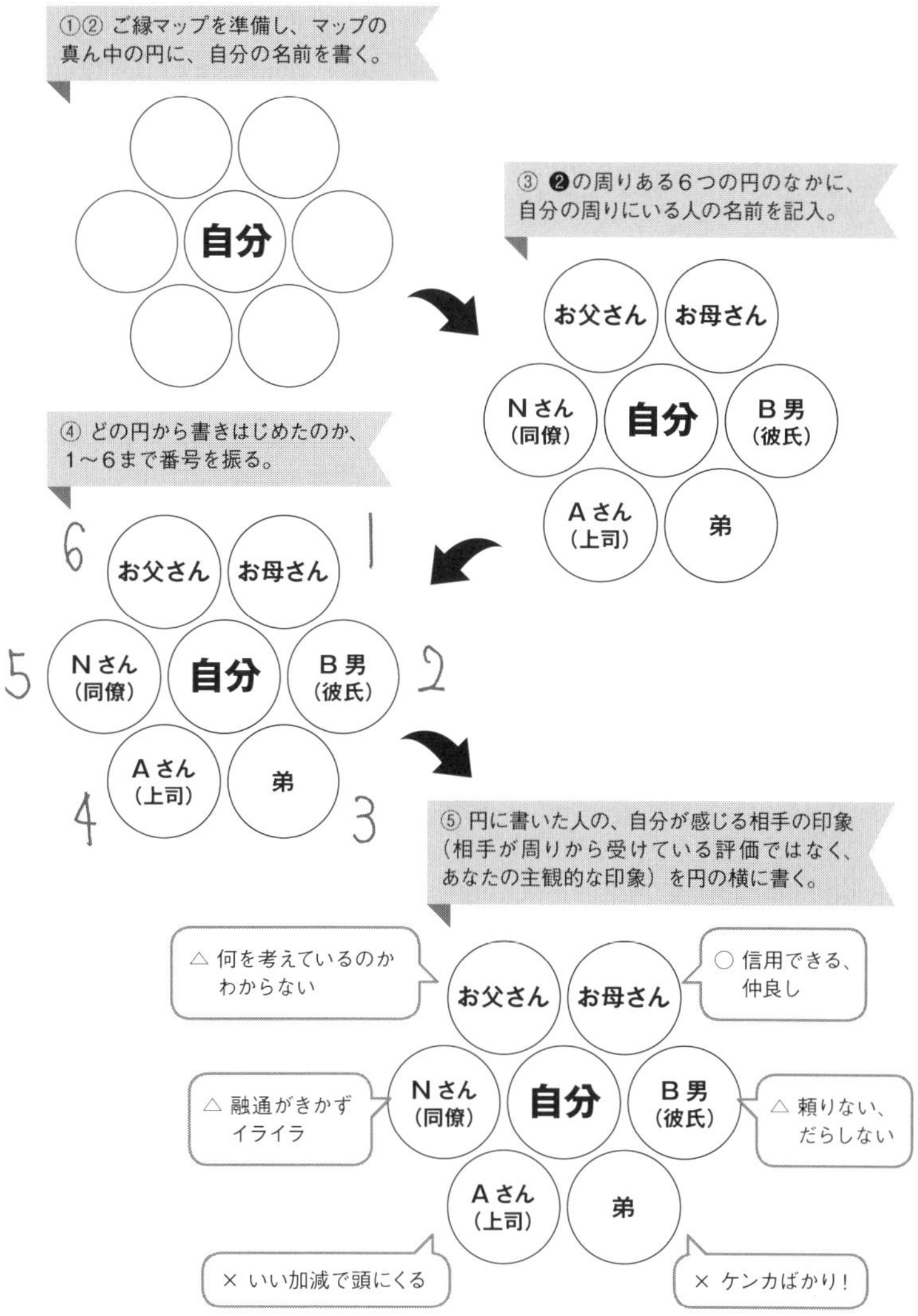

ん／気になる上司」「花子さん／ケンカ中の親友」など。

ルール5 記入する順番は自由。どの円から書きはじめても構わない。

ルール6 フルネームを書く必要はなし。ニックネームでもイニシャルでも自分が誰のことか判断できればOK。

ルール7 どうしても6人の名前がかけない場合は、ブランクのまま空けておく。

STEP2 「ご縁マップ」を読みとく

記入した場所でわかる相手への気持ち

ここに登場した人たちを、あなたは潜在意識下ではどう思っているかの解説をしていきましょう。「えー！　そうなの!?」「そんなことない！」といろいろあるかもしれません。ですが、潜在意識のなか、つまり、あなたのお腹のなかの声ですので、「そうなんだ～」くらいの軽い気持ちで読んでみてください。

また、ここでの解説は、右利き用です。完全に左利きの人は、ご縁マップの左右の意味がすべて真逆になります。シーンによって右手と左手を使い分ける人は、原則、鉛筆を持つ手を基準にしてください。

また、昔は左利きだったけれど、今は右利きだという人は右利きを基準にして見ます。どちらも同じように使うという人は、右利きと左利きの意味の取り方が混ざっている場合があります。右と左のどちらをよりよく使っているか、どちらがより自分は使いやすいかを基準にしてください。

書いた位置別　相手への気持ち

いつも一緒にいたい！　好印象系ぞっこんグループ　自分の右上に書いた人【Aの位置】

あなたにとって、今、全力で大好きな人、今、一番気になる人、頼りになる人です。

何でも話せる！　癒し系親友グループ　自分の右横に書いた人【Bの位置】

あなたにとって、ツーカーの仲で1伝えると10わかってくれるような人、何でも言える人、学生時代からの親友のような存在の人です。

離れられない！ 依存系グループ 自分の右下に書いた人【Cの位置】

あなたにとって、ついつい構いたくなる人、過保護にしてしまう人、守りたい人です。

たまにカチンとくる!? 異星人系グループ 自分の左下に書いた人【Dの位置】

あなたにとって、価値観が違う人、求めているものが違う人、追い詰められたときの判断基準が違う人です。

アイツが気になる！ ライバル系グループ 自分の左横に書いた人【Eの位置】

あなたにとって、ライバル的な存在、よくケンカもするけど、いないと寂しい人、あまり干渉をしない人です。

憧れ尊敬の教祖系グループ 自分の左上に書いた人【Fの位置】

あなたにとって、尊敬している人、憧れている人、頭が上がらない人、緊張感を持って接する人です。

書いた位置別　相手への気持ち早見表

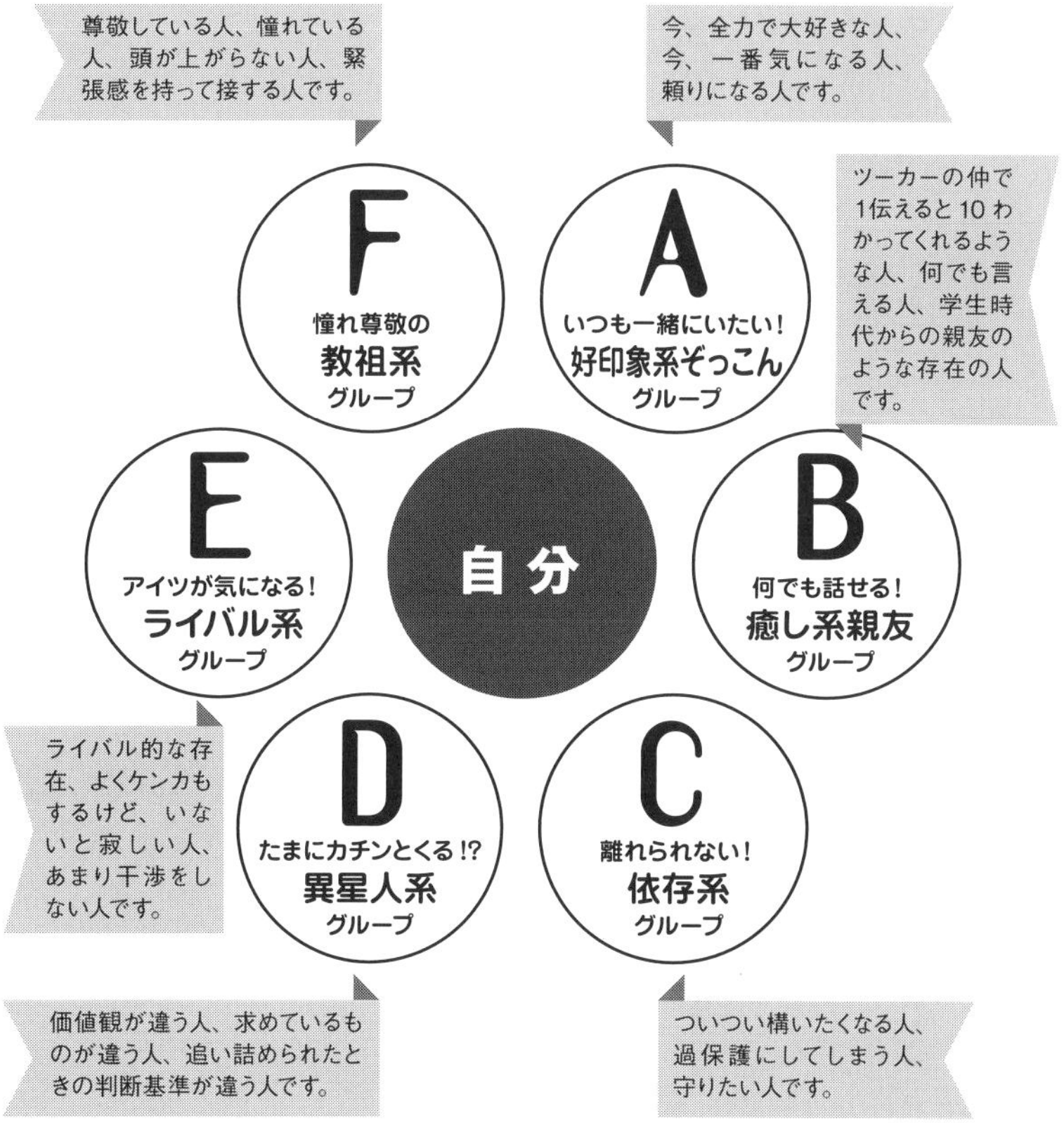

「わあ！　その通りだ……」「当たってるー！」「（笑）」という人もいれば、「え、この人のこと、嫌いなんですけど！」「私のほうが別れたくて、相手が私を離してくれないんですけど！」と書いた人と意味がまったく合わないということもあると思います。このマップで読みとく関係性は、自分の頭（顕在意識）で考えているものではなく、自分のお腹のなか（潜在意識）なので、温度差が出る人もいるはずです。ですので、温度差があったらあったでいいのです。

まずは、自分の頭とお腹の人間関係を確認してください。大切なのは、自分の顕在意識と潜在意識の人間関係を正確に把握することです。それを把握することで、人間関係の悩みの原因や解決・改善方法がわかり、生きるのがだんだん楽になっていきます。

ここからは各グループの詳しい解説を、事例をあげながら説明していきます。

いつも一緒にいたい！　好印象系ぞっこんグループ

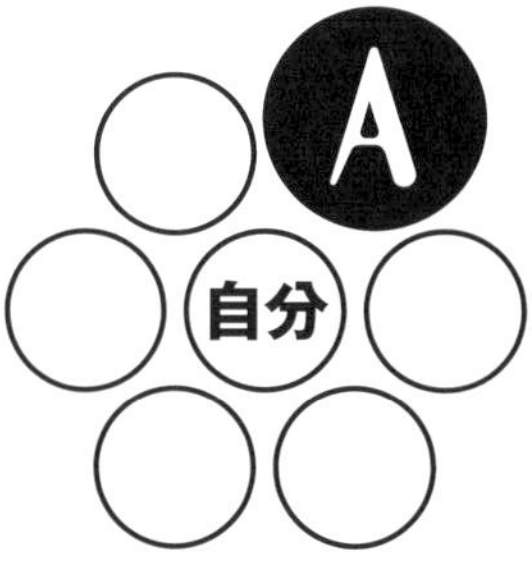

このグループは、自分がいつも意識していて、いつも一緒にいたいと思っている大好きな人たちです。もしマップを書くときに、一番にパートナーをAの位置に書いていたら、もう大好きでしょうがない人です。

・別れの決断をするときは注意が必要な相手

「パートナーと別れたほうがいいのかな……」と思っている人が、Aの位置に相手の名前を書いているケース。頭では別れようと考えていても、お腹のなかは別れたくない、ずっと一緒にいたいと思っているので、本当に別れたらとても後悔してしまったり、気持ちがもっと重たくなったりします。別れたからといって気持ちがすっきりすることはないでしょう。かえって悩みが増える可能性大です。

別れる、別れないは本人の選択で、どちらを選んでも間違ってはいないのですが、Aの位置に相手がきている時点で、潜在意識は相手を好印象で捉えています。このため自分が相手を悪く言ったり責めたりして「もう別れる！」と告げてしまったり、周りの人たちの「あんな人、早く別れなさいよ！」という意見に流されやすくもなります。自分が素直になれずに強がりで無理やり別れてしまったりすると、後悔の念が押し寄せ余計に自分が傷つき、復活するまでにとても時間がかかります。

もしこの状態で別れを選択するのであれば、相手のことを悪く言わないことです。潜在意識は相手のことが大好きなのだから、相手を嫌いだと言うたびに自分に嘘をつくことになるため、自分で自分を傷つけることになります。ですから、「ありがとう」と感謝して別れましょう。

また、お互いが好きなままでも、互いにそれぞれの道を歩むために建設的な別れを選ぶ場合もあります。それは「好きだけど別れる。別れるけど好きは変わらない」ときちんと自分で認識できています。頭とお腹の温度差がないので、別れたときは一瞬涙を流すかもしれませんが、回復もとても早いのです。

・潜在意識では「大好き！」と大声で言いたい相手

Aの位置に母親を書く女性がいました。「お母様のことをお好きなのですね」とお伝えすると、一瞬顔がこわばってしまいました。話を聞くと、ほとんど絶縁状態で、実家にも何年も帰っていないと言うのです。「母親は、私のことを好きではありません。兄ばかりを可愛がり、私のことはあまり。だから仲もよくもないですし、私も母親のことは憎んだことはあっても、好きではないです」

ところがご縁マップでは、Aの位置にきているので、彼女はお腹のなかでは母親のことを「大好き」だと思っているのです。お兄ちゃんのことばかりを大切にしていたお母さん、そのお母さんに構ってもらえなくて寂しい想いをした自分。お兄ちゃんも羨ましくて、家にいるのがつらかった。どうして自分だけがこんなに寂しい思いをしているの？　女の子だから？　私はいらない子だったの？　彼女はその寂しさを憎むことで紛らわせてきたのです。母親を憎むことを、今までの生きるエネルギーにしてきたのです。本当はお母さんのことが今でも大好きなのに、「愛しているよ」って抱きしめてほしいと思っていたのに。

そのことを伝えると、まず驚かれ「そんなことない」と最初は否定します。でも話をしているうちに、「そうかも……」と徐々に受け入れようとします。ずっと頭では憎んできた相手なので、いきなりすべてを認めて受け入れることは難しいものです。

でも時間はかかっても「そうかもな、そうかもな……」を繰り返していると、だんだん「そうだな、そうだった」「本当はお母さんに、あなたのこと大好きだよって言ってほしかったんだ。私がお母さんのことが大好きだから」と素直に感じるようになっていきます。

本当は、そうしたいから、私に相談しにきたのです。潜在意識では「お母さんのこと大好き」と大きな声で言いたいから。このように少しずつ受け入れていくと、一番好きだった人との関係に温度差がなくなっていくので、ほかの人との関係も温度差が少なくなり上手くいきはじめます。

こういうタイプの人は、「好きなのに嫌い、嫌いなのに好き」と言ってしまうパターンがあります。素直になれないのです。でもそれは自分が悪いわけでも、母親が悪いわけでもありません。そういう環境で生きてきて、そのパターンが自分のなかに組み込まれてしまっているので、そのパターンに気づいて直せばいいだけの話です。

もちろん良好な関係性のパートナーがAの位置にある人は「ごちそうさまでした！」。これからも、どんどん2人の世界で春を満喫してください。

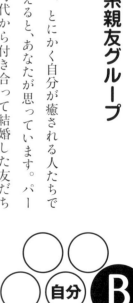

B 何でも話せる！ 癒し系親友グループ

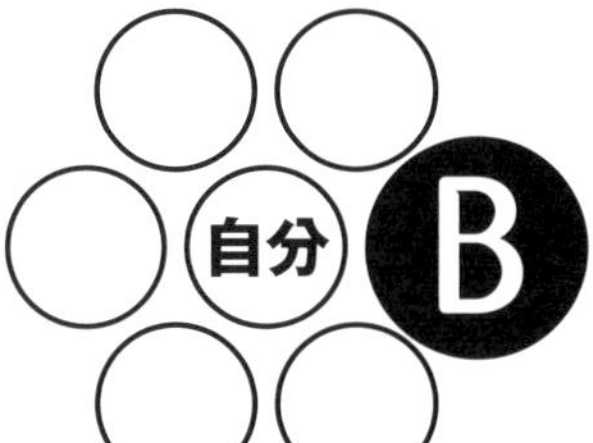

このグループの人は一緒にいると、とにかく自分が癒される人たちです。何でも言えて何でも聞いてもらえると、あなたが思っています。パートナーがBの位置にあると、学生時代から付き合って結婚した友だちカップルのように過ごせます。

・一緒にいると自分の気持ちが安定する相手

Bの位置に書いた人のことを「え、逆に言いたいことが言えないんですが……」「結構気を遣います」と言う人がいます。そういう人は、本当は相手にもっと素直に言いたいのか、以前は言えていたのにケンカをしたか何かで言えなくなっている可能性があります。こういう場合は、ご縁マップでEの位置に書いた人を見てください。Eはライバル関係にある人がきやすい場所です。Eの人のほうが言いたいことを言えるという人は、「こういうときはBの人に、ああいうときはEの人に」と、自分に起こる出来事や自分の状態によって相手を上手に活用し分けている可能性があります。

たとえば経営者が自分の右腕にあたる社員を2名、BとEの位置に書いたとします。あるプロジェクトは田中さんに任せて、別のプロジェクトは鈴木さんに任せたとすると、田中さんに任せている期間は田中さんをBに、鈴木さんに任せている期間は鈴木さんをBに書きやすくなります。ほとんど変わらない右腕が2人いる場合は、そのときどきで経営者自身が2人を活用し分けているのです。

ここに書く人は、あなたが相手を思う感情が比較的いつも安定しています。よほどのことが起こらない限り相手を大嫌いになることも、「好きなのに嫌い」などとAの位置に書く人のような、ややこしい感情が起こることは比較的少ない相手です。

C 離れられない！ 依存系グループ

このグループの人は、とにかく自分が構いたくなる、手を出したくなる人がきます。自分が「甘やかせたい」と内心思っている相手です。

・とにかく手を出して構いたくなる相手

パートナーであれば、「もう、しょうがないわね。私がいないとあなたったら何もできないんだから」といった具合で構いたがる、女性なら姉さん女房的なイメージです。親が子供を書いたり子供が親を書いたりするときもありますし、お世話になった恩師などがCの位置にくることがあります。

自立をしている子供が親や恩師を書くときは、「今までありがとうございました。これからは私があなたを守るので、何かあったらちゃんと甘えてくださいね」といった責任感の感情も含まれるので問題ありません。しかし、自立していないのに文句を言うような人がCの位置に親や恩師を書くと、正直とてもややこしくなります。

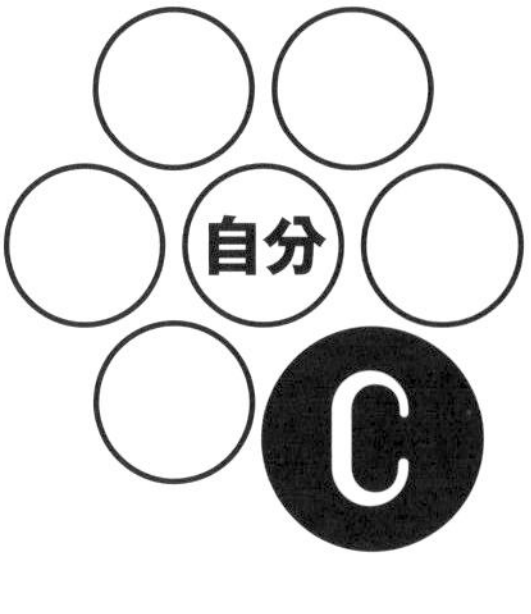

なぜなら「自分は自立がしたいと思っているのに、相手が自立させてくれないんだ」と自立できない理由をすべてその人のせいにするからです。自己責任ではなく、常に責任転嫁で生きているからです。

それが、「はじめに」に書いた「上司が仕事を辞めさせてくれない」という内容につながります。頭では「自分ではなく上司に問題がある」と考え、お腹のなかでは「上司がいることによって自分の存在や価値は認めてもらえている」と感じているのです。

・無関心で無視されるより怒られるほうがうれしい

ところで、「褒められる」と「怒られる」。実は根っこは同じ、ということをご存知ですか？　それは「関心を持ってもらえる」という意味で、褒められることも怒られることも同じなのです。

愛の反対語は憎しみではなく無関心と言います。人は愛で褒められても憎しみで怒られても、自分に関心を持ってもらえているということでは同じだと解釈するのです。ですから、本当は褒めてもらえるほうがうれしいけれど、褒めてもらえず無関心で無視されるなら、怒られても声をかけてもらって関心を持ってもらえるほうがうれしい。

自分のことを認めてもらえていると考えるのです。

とてもややこしい感情ですが、怒られて育った人や自分にまったく自信がない人に起こりやすい感情です。たとえば先生や上司に怒られても「関心を持ってもらえている、自分を認めてもらっている」と本人は解釈するので、そこから離れようとせずに相手に無意識のうちに依存してしまうのです。

周りが「あんなにキツくあたる先生に教えてもらうことはないでしょう。もっとほかにいい先生がいるよ」と言われても、「いや、先生も私のためを思って教えてくれているから」と余計に頑張ろうとします。怒られないように頑張ろうとするのですが、そもそもその本人のなかに「怒られるのは、認めてもらっているということ」というパターンが組み込まれているので褒められるどころか、もっと怒られてしまうのです。こういう人は、本当に頑張ります。ですから、実際は勉強ができたり仕事ができたりする人が多いのです。つまり怒られるのはCの位置の相手だけで、ほかの人からの評価は高いのです。なぜなら、できる人だからです。でも、本人は自分をできる人だとは認めません。彼らから褒められるまでは自分はできていないのだと、必死に頑張るのです。

彼らが自分たちの評価を客観的に得るためにわかりやすいものが、資格やテスト。このため、彼らは、たくさんの資格や肩書きや表彰状を持っていたりします。実績も社会的評価も高い人が多いのです。でも、それらはCの位置の相手に認めてもらうための手段であり、自信のない自分に自信をつけさせるための道具であることが多いので、さほど表にも出しません。意外と仕事ができる人のなかに、実際のところ本当は自信がない、何をしても満たされない、もっともっと頑張らなきゃと自分を追い詰めるという人が多いのです。

また、親が子供をCの位置に書いている場合ですが、「相手がまだ弱い生き物だから、弱いうちは自分が守って当たり前」という感覚なら問題ありません。ところが「私が守らなきゃ、私が」とひとりで背負い込んでしまう人は、いずれ自分で自分を爆発させることになります。ましてや実際は自分が守っているのではなく相手に自分が守られているのです。自分の手を離れていくときに、ぽっかり胸に穴が空いて、これからどう生きていけばいいのかわからなくなります。

こんな極端な例もあります。病気の子供を一生懸命看病して「やさしいお母さんですね」と周りに言ってもらうことで自分を承認している母親。子供の病気が治ると自分が認めてもらえなくなるからと、誰も見ていないところで子供の病気が治らないようにしようとします。治ってしまったら、自分の価値はなくなると思っているのです。病気の子供がいるから自分が存在していると受け止めているケースです。

このCの位置に、「自分は離れたいと思っているのに、相手が離れさせてくれない」とか「この子がいなくなると、自分が認めてもらえなくなる」という相手を書いている人は、今一度、自分の素晴らしさを自分で認めてください。自分ではできないという人は、身近にいる周りの人に聞いてみるのもいいでしょう。「あなたって、ホントにスゴいのよ!!」と、必ず口を揃えて言ってくれるはずですから。

D たまにカチンとくる？ 異星人系グループ

このグループにくる人たちは仲もよかったりするのですが、価値観が違ったり、求めているものが違います。このため最終的な判断でお互いが違う答えを選んだり、違う道に進んだりします。自分にとって異星人なので、最終的に帰る（選ぶ）お家が違うのです。

・何か根本的な部分で理解し合えない相手

たとえば、船に乗って航海をしているときに大嵐にあって転覆しそうになったとき。助かる方法は二者択一で、海に飛び込んで遠くに見える島まで泳ぐのか、誰か助けが来るまで待つのか。このように切羽詰まった状況になったときに、このグループと自分とは選ぶものが違います。自分からすれば、今までずっと一緒に過ごしてきて、逃げるのも一緒だと思っていたのに、「え!? そっちを選ぶの!?」といった感じです。裏切られたというよりも拍子抜けするというほうが近いかもしれません。

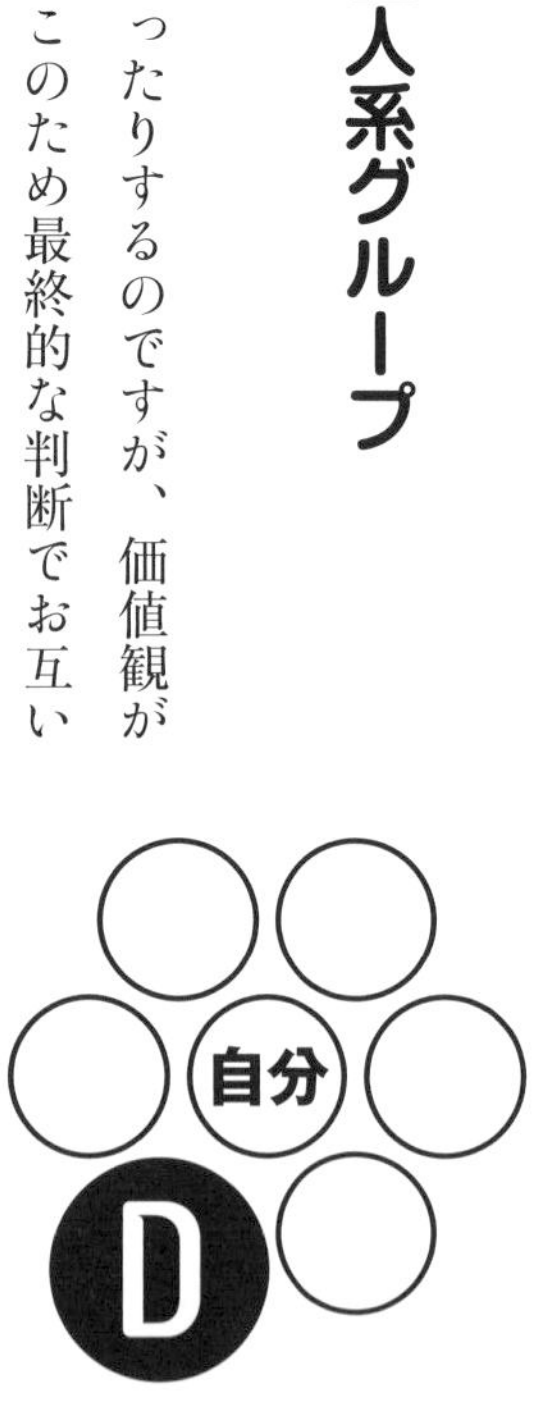

そういう状況が実際に起こってから「ああ何か、わかる気がするわ。別に嫌いでもないし、仲がよくなかったわけではないけれど、何か根本のところで違うのよね」という相手です。よくよく思い出してみると、自分が発言したときに返してくる答えがちょっとカチンとくる内容だったり、「いや、そこじゃないんだけど……」ということが多かったり。何かズレてる？　と思うことが多い相手です。

もしここに長年連れ添ったパートナーがきたら、「最近、ケンカしましたか？」「倦怠期ですか？」と解釈することもできます。離れたいと頭で考えているのであれば、お腹のなかも離れてもいいかもと感じているので、特に傷つくこともなく別れることができます。

・自分のステージが変わるときに師匠や恩師を書くことも

Dの位置にお世話になった師匠や恩師を書いている場合は、もうそこから卒業したいと考えているということです。学ぶことは学んだし、教わることはすべて教わった、だから、今度は自分でやってみたいと思っているのです。

「え!?　とてもお世話になった人で、すごいなって尊敬もしているんですけど！」と言う人もいますが、もちろんお世話になったことは事実ですし、尊敬していることも本当のことでしょう。でも、もうお腹のなかでは「この師匠や先生からは卒業したい」と思っているのです。

こういうことが起こるのは、自分のステージが変わってきている証拠です。今いるステージでの学びが終わり、次に行こうとしているのです。お腹のなかは変わろうとしていて、相手と対等どころか、すでにサポートしてくれる人くらいにしか実は思っていません。でも頭では「先生、先生」とへりくだって対応しているので、だんだんと自分の態度が横柄になっていって、「お前は失礼だ」と先生を怒らせてしまうことも起きてしまいます。

なぜなら、「もう教わることは教わったし離れたい」とお腹のなかでは思っているのに、口では「いろいろ教えてくださいね！　まだ学ぶことがたくさんあるんです！」と真逆のことを相手に言っているので、相手はそれを上から目線だと感じて、「バカにしているのか？」と気分が悪くなるのです。口から出る言葉とは裏腹に、「私、もうあなたがいなくてもできるんですけど」というお腹のなかのエネルギーが相手に伝わっているのです。

先生や師匠と呼ばれる人を書いている人は、「お世話になりました。あなたのおかげで、こんなに成長できました」と心から感謝をして、さっさとその人から卒業しましょう。あなたは自分でやれると思っているのです。それなのに「いや、まだできない」と認めずに挑戦をしないと、自分で自分にストレスを与えてしまいます。「先生を超えてはいけない」というルールはないのです。人生は一度きり、自分の力を試してみましょう。

E アイツが気になる！ライバル系グループ

このグループにくる人たちは、しょっちゅう会っていなくても気になる人や、特にベタベタする関係でもないけれど意識している人です。ケンカもするけどいないと寂しい、気にはかけているけれど干渉はしないという相手です。

・切磋琢磨しながらお互いが成長していく相手

パートナーがＥの位置にくると、「あなたはあなた。私は私」とお互いに自分の世界を持っています。それぞれの世界を楽しみながら、２人でいるときは２人の時間を楽しみましょうという別居婚ができるくらいです。

仲はいいけれどずっと一緒にいるわけではなくて、でも気になる存在。仕事で言えば、好敵手、つまりはライバルがくる位置です。お互いに切磋琢磨しながらお互いが成長していく関係です。

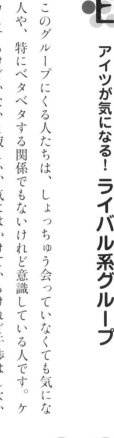

このEの位置は、**Bの位置（何でも話せる！　癒し系親友グループ）**と入れ替わることがあります。自分の置かれている状況によって自分自身が相手を活用し分けているのです。

「あなたにはあなたの世界があるし、お互い好きなことをしましょうね」と、とても自立している印象もありますが、いざというときに、「え、そうなの？　一緒にしようよ～」と相手のドライさにちょっと寂しい、冷たいと思うこともあります。相手が仕事に没頭しているときなどは、話しかけにくかったり、少し躊躇してしまうこともあるかもしれません。

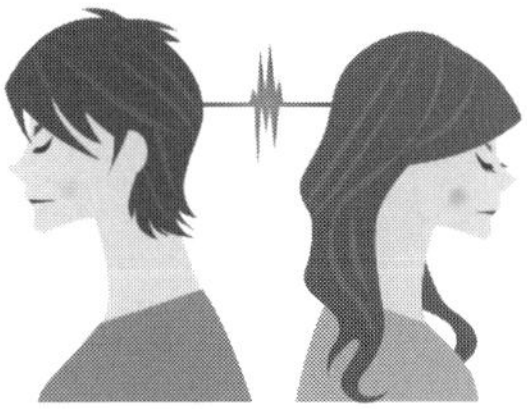

F あの人スゴイ！ 憧れ尊敬の教祖系グループ

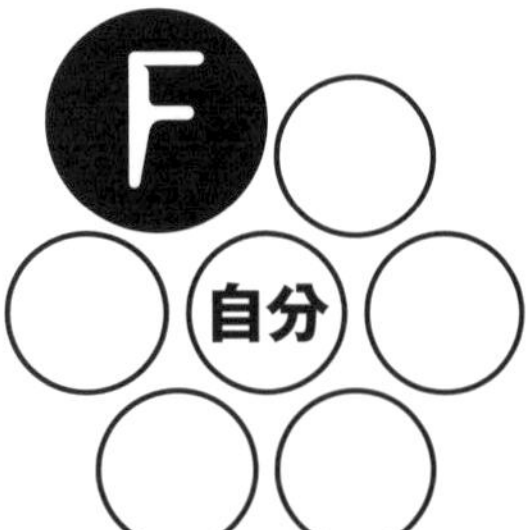

このグループにくる人は、「あの人、スゴい！」「あんなふうになりたい！」と、憧れたり尊敬したりする人です。少し緊張感を持ったお付き合いをします。

・あんなふうになりたいと思う相手

パートナーをFに書く人は、「いつも苦労ばかりかけています」とか「こうやって自由にさせてもらっているのは、あなたのおかげです。いつもありがとうございます」と、相手に頭が上がらないと感じています。Fに書いた人を、「え！　緊張？　そんな相手ではないですけど」と言う人もいますが、相手が子供であっても部下であっても、「あんなふうになれていいな」「あんなふうにできていいな」と、相手の生き方、考え方に憧れているのです。

あなたの心のなかは、悔しいのかもしれません。憧れは嫉妬と表裏一体です。手が届かなかったときはただの憧れの存在だけだったのが、中途半端に距離が近くなると「自分も負けてない！」と負けず嫌いな人ほど思うものなので、自分で認めることが悔しいのです。

「自分がアイツに憧れている？」と認められないときは、相手の成功を妬み、足を引っ張る可能性もあります。「お前、スゴいな」と素直に言えたとき、妙な意地やプライドがなくなって、自分のやりたいことも叶いやすくなっていきます。

「こんなふうになりたい」と思える人が近くにいることは幸せなことなのですから。

ご縁マップの位置の意味① 「上」、「真ん中」、「下」に配置した人との関係

ご縁マップは自分を中心に、「上」にAとF、「真ん中」にBとE、「下」にCとD、に分けることができます。この位置によって自分にとって相手がどんな存在かを知ることができます。それぞれ**「上」の相手はメンター（A好印象系ぞっこんグループ・F憧れ尊敬の教祖系グループ）、「真ん中」の相手は同志（B癒し系親友グループ・Eライバル系グループ）、「下」の相手はサポーター（C依存系グループ・D異星人系グループ）**を意味します。

簡単に言えば、上の「メンター」（指示や命令によらず、対話による気づきと助言を与えてくれる人）が自分を引っ張り上げてくれ、真ん中の「同志」が自分と一緒に何かをつくってくれ、下の「サポーター」がいつも自分を支えてくれます。つまり、この三者がバランスよくいることで自分も活かされ、自分がやりたいことも現実に形になっていくのです。

「上」「真ん中」「下」に配置した相手との関係

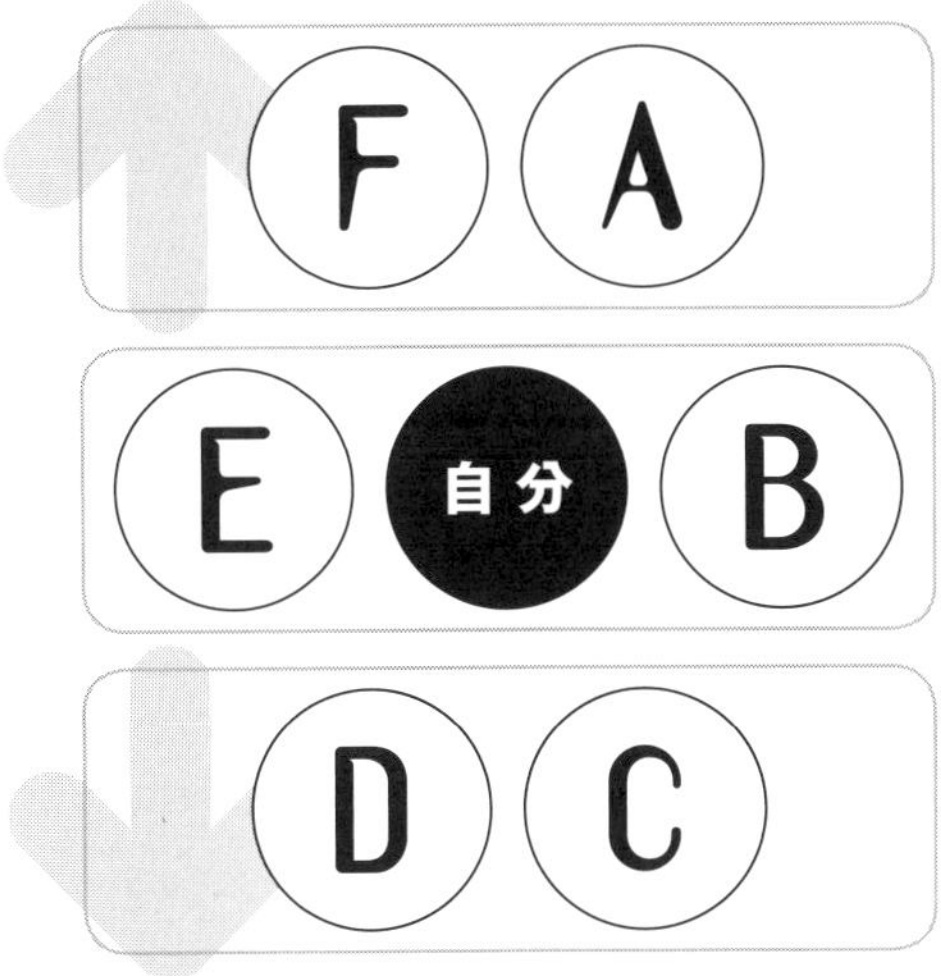

相手の位置が 上
▶ メンター

A 好印象系ぞっこんグループ
F 憧れ尊敬の教祖系グループ

相手の位置が 真ん中
▶ 同志

B 癒し系親友グループ
E ライバル系グループ

相手の位置が 下
▶ サポーター

C 依存系グループ
D 異星人系グループ

ご縁マップを書いたときに、「上の円には誰の名前もかけなかった」という人もいます。この位置に名前が書きにくかった、あるいは書けなかったというのは、自分の上に人がいないということ。現状、自分がトップでやっていて特に目指すべき目標がない、自分がいつもトップで物事を進めたい傾向にあります。言い換えれば、自分が教える人はたくさんいるけれど、自分が教わる人がいないということになります。もし自分が変わりたい、成長したいと思っているのに、「メンター」の場所に名前が書けなかった場合は、自分が見本や手本にしたい人を見つけようと意識すると、早く変化が訪れるでしょう。

「真ん中」は自分の「同志」にあたる人たちです。この円に名前が書きにくかった場合は、何でも遠慮なく言い合えて切磋琢磨できる人がいないということ。自分のやりたいことを具現化したいのにここに名前が書けなかった人は、一緒に手を組み、目標に向かって進んでいける人を見つける意識をするといいでしょう。

「下」は自分の「サポーター」にあたる人たちです。この円に名前が書きにくかった場合は、自分を水面下で支えてくれる人がいないということ。何かあったときに遠慮なく「手伝って」と言える、自分をフォローしてくれる人を意識するといいでしょう。特に、自分が変化をしている最中の人は、上や真ん中には名前が書けるけれど、下には書けない、書きにくいという人もいます。いざ自分が何かやろうとするときに支えてくれる人がいるといないのでは、大きな違いです。

ただし、ここでいう「メンター・同志・サポーター」は、実際に「引っ張って。一緒にしよう。手伝って」と言える人たちではないこともあります。たとえば、メンターの位置にまだ赤ちゃんの子供の名前を書いていたり、サポーターの位置に年老いた祖母の名前を書いたケースです。ここに書いている人たちは、生きていくうえで精神的、魂的な役割を果たしてくれる人でもあります。ですので、子供だから老人だからということは一切関係ありません。にあなたにエネルギー的影響をおよぼす人ということです。

ご縁マップのすべての位置に名前を埋められることが理想的です。なぜなら、この6つの円すべてに名前が埋められることによって、あなたのご縁が「円」としてキレイに回っていくからです。もし、どこかの位置が抜けてしまうと、円が少し歪んだ形で回っていくため、アンバランスで大きくなりにくくなります。そして同じような歪んだ円を持つ人を引き寄せてしまうので、本来の素晴らしいご縁が引き寄せにくくなります。

ご縁マップの位置の意味② 「右」、「左」の位置に配置した相手との関係

ご縁マップを今度は自分を中心にして、**「右」にA・B・C、「左」にD・E・Fと分けます**。この位置によっても自分にとって、相手がどんな存在かを知ることができます。この場合、それぞれ**「右」の相手は、癒しをくれる人たち（A好印象系ぞっこんグループ・B癒し系親友グループ・C依存系グループ）、「左」の相手は、刺激をくれる人たち（D異星人系グループ・Eライバル系グループ・F憧れ尊敬の教祖系グループ）**です。

自分が仕事中、同じ時間に同時に6人から電話がかかってきたとします。でも電話が取れなかったあなたはあとからかけ直そうとするのですが、うっかりしていて連絡するのが遅くなりました。そのときあなたは、右の位置に書いたA・B・Cの人たちには「ごめん、ごめん！　うっかりしていた」と言えるし、また「いいよ」と彼らに許してもらえると思っているでしょう。でも、左の位置に書いたD・E・Fの人たちにあなたが謝るときは「あ、すみません。仕事で取れなかったのですが、かけ直すの

「右」「左」に配置した相手との関係

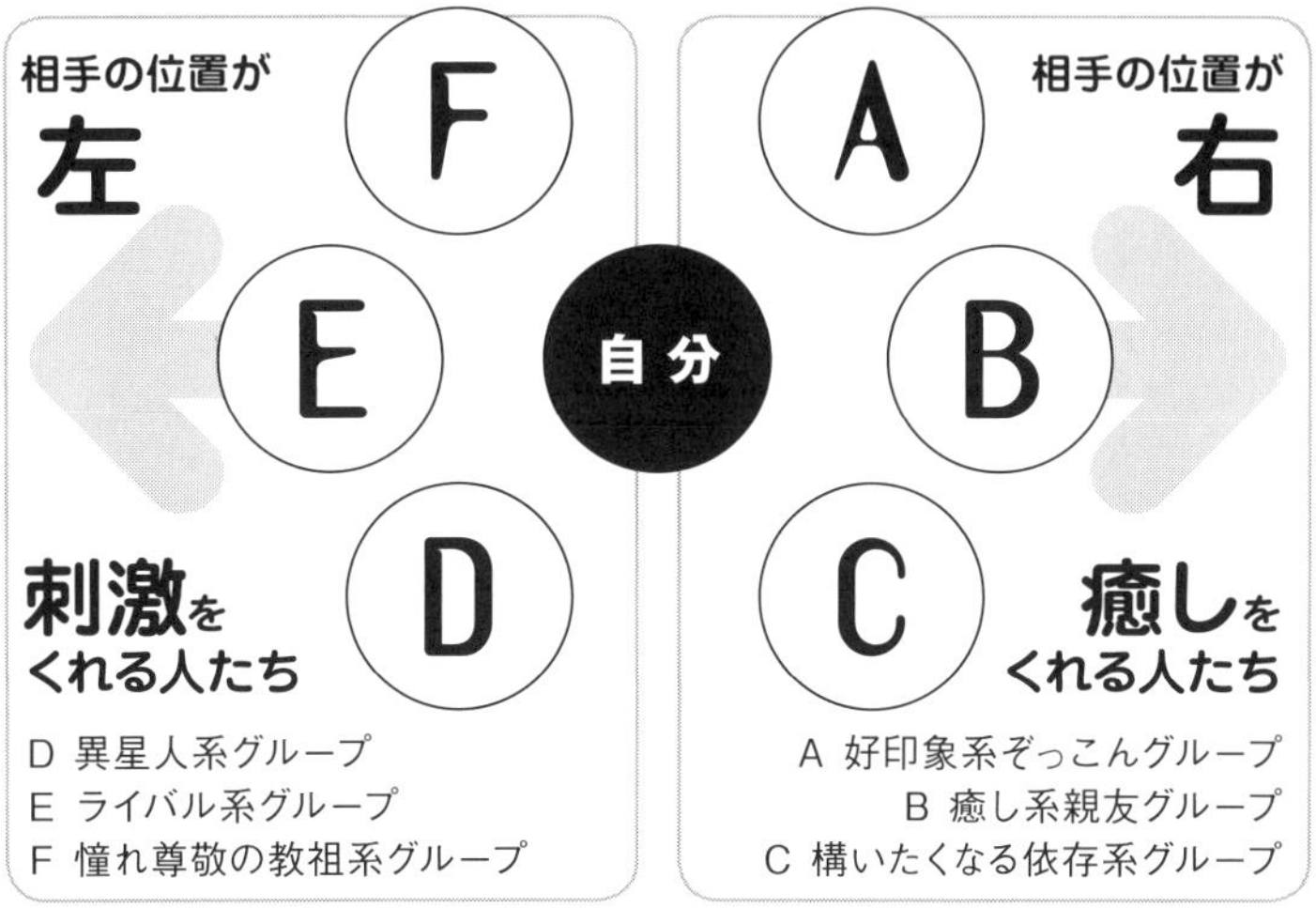

※左利きの人は、左右の意味が逆になります（P64 参照）。

が遅くなってしまいました」とちょっと背筋を伸ばして謝らなくてはと思っています。少し緊張感を持った接し方をしなくてはと考えるのです。

右の位置に書いたA・B・Cの人たちは、あなたにとっては一緒にいるとホッとして安心できる癒しの存在です。これに対して左の位置に書いたD・E・Fの人たちは、あなたにとっては一緒にいるといろいろと刺激があり、生活に張りをもたらせてくれる存在です。

名前を書くときに、右側が書きやすかったという人は、自分にとって癒しの存在になる人が周りに多い、あるいはそういう人たちとばかり付き合いやすい傾向があるとも言えます。また、左側が書きやすかったという人は、自分にとって刺激をくれる存在の人が周りに多い、あるいはそういう人たちとばかり付き合いやすい傾向にあります。

右側ばかりに人が増える場合、自分のことをわかってくれる、一緒にいると心地よく甘やかせてくれる人とばかりと付き合っていると言えます。また左側ばかりに人が増える人は、いつも緊張感を持った付き合いをしているので、自分がホッとでき甘えられる人がほしいでしょう。

ここで言えることは、左右バランスよく人がいたほうがいいということです。ですから、どちらかに偏りやすい人は、反対側のタイプの人とも意識して付き合うようにするとバランスがよくなり、自分に必要な人とのご縁にも恵まれやすくなります。

記入した順番にも意味がある

ご縁マップに名前を書いた順番にも意味があります。ここでは、そのパターンをいくつか紹介して解説していきましょう。

日本人は、基本的に几帳面で真面目なので、「埋めてください」と指示されると、ほとんどの人がどこかを基準にして、順番に埋めていく傾向があります。どの位置から書いたとしても最初に書いた名前というのは、自分の潜在意識のなかで今一番意識している人です。その後も、2番目に意識している人、3番目に意識している人……と続きます。

書く順番で一番多いのがA、B、Fあたりから右回りで書く人です。AとFはメンター、またFは刺激ゾーンにあたります。この位置から書く人は、「お先にどうぞ」とエネルギー的にも自分が相手を立てるように人をいつも意識しています。

順番に書かずに、たとえば**A➡E➡C➡F**といった具合に上下・左右・斜めを交互に埋めていく人は、人の好き嫌いがはっきりしています。自分のエリア内に入れる人、入れない人と、相手への距離感の取り方にメリハリがあるのです。

また癒しゾーンから書いた人は一緒にいてホッとする人を、刺激ゾーンから書いている人は一緒にいて刺激をもらえる人を、それぞれいつも意識しています。

あまり考えすぎず直感で書く人は、物事の決断も早い人です。悩むことがあっても気分の切り替えが早く、自分ができることから片付けたりしていくでしょう。逆に書くのに時間がかかったり、いろいろと悩む人というのは、決断までがとても慎重で時間がかかったり優柔不断な傾向があります。

第3章

「ご縁マップ」は今の自分を写す鏡

ご縁マップでわかる今のあなたの立ち位置

ご縁（恵まれるご縁と疎「縁」の2つのご縁）は、自分の成長段階に合わせてやってきます。「どうしてこんな人と今出会ったんだろう？」「なぜあの人と離れたんだろう？」と不思議に感じることもあるかもしれませんが、すべて必然です。ご縁マップを見れば、今の自分がどういう状況にいるのか自分が置かれている立ち位置がわかります。つまり、ご縁マップは自分の今を映し出す鏡なのです。

自分が変化をしていくうえで、自分の立ち位置を知ることはとても大切です。「変わりたい！」とセミナーを受けたり、本を読んだりしても、立ち位置がわからなければ、学んだことをどこからはじめていいのかがわかりません。人は、数の多いほうに流されやすいので、周りがみんなAを選択していると、Bを選択しようとしていた自分も、「あ、Aからしないといけないのかな」と誤った選択をしてしまいがちなのです。自分の立ち位置がわかれば、相手の立ち位置も見えてきて、相手との違いがはっきりわかります。違いがわかると、相手と違う答えを躊躇なく選ぶことができます。いちいち「自分は間違っているのかな？」と感じることも、周りに迎合しない自分を責めることもなくなるのです。

人間関係を見つめ直すと、これから向かいたい場所もよく見えてきます。人は誰しも人と仲良くなりたいし、楽しい人間関係を築きたいものです。誰のことを大切に思って、誰が今の自分を支えてくれているか、誰に自分は支えてほしいのかを客観的に知ると、心がとても楽になり自分の変化もしやすくなります。

「自分の夢を叶えたい！」という人が、過去の人間関係ばかりのなかで生きていても、ほとんど新たな気づきもなく成長もできません。確かに変化がない分、安心して癒されるかもしれません。でも、夢を叶えるために前進したい人が、「周りが寂しがるし、自分も安心できるから」ともう1回高校生活を送るでしょうか。もしもう一度高校生活を送ることになれば、自分が求める立ち位置と現状の立ち位置に温度差があるので、自分の求めるものが手に入りにくくなります。

「私は変わりたい！」と言いながら、「今のままでいい」と現状維持を主張する人たちのなかにいても、自分は変われません。本気で

変わりたいなら、ご縁マップに実際に変わった人や変わろうとしている人、自分が変わることをサポートしてくれる人の名前が必要です。そこではじめて「変わった自分」を手に入れることができるのです。

ご縁マップのありがちパターンから今の人間関係が見えてくる

ご縁マップにありがちなパターンをいくつか紹介しましょう。パターンによって、自分をとりまく今の人間関係がはっきり見えてきます。

・癒しゾーンにしか名前が書けない

「刺激がほしい！」のに**A・B・Cの癒しゾーン**にしか名前が書けないとなると、刺激を与えてくれる人が周りにいない、あるいは自らが進んで居心地のいい人たちのなかばかりにいるということです。刺激がほしいのであれば、**D・E・Fの刺激ゾーン**にも名前が必要なのです。

・面倒をみている人、友だち感覚の人ばかり書く

自分がいつも面倒をみている人や友だち感覚の人ばかりを中心に書いている人は、自分を導いて引っ張り上げてくれる人がいません。ですから自分がとにかく動かなくては周りも動かないという、自分ひとりが頑張らなければいけないコミュニティができあがってしまいます。また、自分が一番上というプライドの高さの表れでもあるので、人に任せる、お願いするという謙虚さを身につける必要があるでしょう。

・自分の手がまだ届いていない人ばかり書く

自分よりも目上の人や活躍している人など、ほとんど会ったこともなく自分の手がまだ届いていない人を中心に書いている人は、地に足がついていません。その人たちとかかわることばかりがうれしくて、自分を支えてくれている人に意識がないのです。こういう人はいざ自分が何かをしようとしても精神的支えがないので、すぐに落ち込んだりあきらめたりしがちです。いつも自分の身近にいて支えてくれている人に感謝をしましょう。

・尊敬し学ぶべきものが多い人を中心に書く

自分がきちんとつながりのあるメンターや師匠、尊敬し学ぶべきものが多い人を中心に書いている人は、近い将来にその人たちと一緒に何かをしたり、その人たちを超えていったりするタイミングが来ます。もうすぐ一気に自分の世界が変わっていくでしょう。

・自分を甘やかしてくれる楽な人ばかり書く

自分が一緒にいて居心地がいい人を中心に書いている人は、変化をすることが苦手です。自分の意見に反対しない人、「そうか、そうか」とただ聞いてくれる人、何かほしいと言えばすぐにくれる人など、自分を甘やかしてくれる人ばかりです。刺激に弱いので、自分と合わない人や自分とまったく違う人が現れると強いストレスを感じます。少しずつ、自分とは違う考え方や生き方をしている人たちと交流を持つことを意識しましょう。

・苦手だと思っている人を大好きな人ゾーンに書く

付き合いにくい、苦手だ、いつもぶつかってしまう、わかり合えない、すれ違ってしまう、見ていると腹が立つ……。ご縁マップではそんな相手ほど、「大好きな人ゾーン」に名前が入ることがあります。それは自分が持っていないものを持っていたり、自分がなかなかできないことを相手が簡単にやってのけたりするため、相手のことを自分が潜在意識では惹かれていたり羨ましいと感じていたりするからです。

「いいな、あんなふうになりたいな」と潜在意識では感じていても、頭のなかでは「あんな人にはなりたくない」とどこかで否定しているのです。すると、それがどんどん妬みに変わっていってしまいます。「好きなんだな」そのことを認めましょう。

ご縁マップを書いて読みといていくと、自分にはどういう人が必要なのか、自分にはどんな人が足りていないのか、自分がどんな人とかかわっているのかがわかります。

強く何かを望む人（ないものねだりをする人）に限って、実際は変化することを億劫がったり怖がったりする人が多いのです。

何度も書くことで読みとける相手の役割の変化

　ご縁マップに出てくるメンバーが同じでも違っても、自分が変わり、成長するために動いていれば、何度も書くことで必ず大きな気づきがあります。「ああ、以前の私はそこにいたな」「ああ、未来の私の場所があの辺なんだな」と、よく見えてくるのです。

　ご縁マップは、よく動きまわってたくさんの人と出会う機会が多い人は1カ月、一般的な人は2、3カ月に1度をめどにつくることをおすすめします。何度もご縁マップをつくることで、自分の人間関係がどう変わっていっているのか、どんな人とご縁を得て、どういう人が自分の人生に影響をおよぼしやすいのか、自分が相手をどんなふうに捉えやすいのか、などのパターンがわかってきます。すると、自分の人間関係で起こりやすい問題を認識することができます。また、実際に変化が起きた後に、ご縁マップをあらためて書くと、新たな気づきが見えてくるのです。

　気をつけたいのが、何度もつくるときに、**Dの位置（異星人系グループ）**に名前をあえて書かないという選択をすること。Dは6つの円のなかで唯一、ケンカをしている、自分とは異質の人であり合わないというマイナスな解釈ができる位置です。ですから、位置の意味を知ってしまうと、「この位置には人の名前を書かないほうがいい。この位置に書いてはいけないんだ」と思ってしまうのです。

でも、これでは合わない人や苦手な人、嫌いな人を意識することになるので、かえって人間関係が上手くいかなくなります。Dの位置に「名前を書いてはいけない」と感じてしまう人は、自分がイイ人でいたい、みんなと仲良くしなければいけないと思っている人が多いものです。結局、自分で自分を誤った方向へ導いているのです。「あえてDは空けておこう」と意識することのほうが問題です。

合わない人や苦手な人はいてもいいのです。そんな人が自分に気づきをたくさんくれて、自分の人生を変えてくれる大きなきっかけになるのですから。

直感や違和感を無視すると

「何度もつくってくださいね」と私がお伝えすると、「一度やって位置の意味がわかっているから、必要ないんじゃない?」という人がいます。もちろん答えはわかっているので、「あ、ここに書く人は大好きな人だ」と思って当然です。でも、それでもいいのです。

何より大事なのは、実際に紙を置いて、実際に鉛筆を持って、実際に書いてみる、ということです。実際にやってみると、「あ、この位置に書こうと想ったけれど、ちょっと違うかも」と、必ず感じることがあります。これがお腹のなかからのメッセージ。つまりは、直感や違和感と呼ばれるものです。言葉にならなくてもいいので「何か違う」と感じることが何よりも大切ということを忘れないでください。この直感や違和感を無視するから、最後には苦しくなって、人生が上手くいかなくなるのです。

人は実際にやってみるから、感覚がわかるようになり、回数を重ねる度に精度が上がっていきます。「こうやれば、こうなる」と頭で考えるばかりで実際にやらない人というのは、感覚も鈍っていて、理屈ばかりをこねまわし、まったく謙虚ではありません。「もう知ってるよ」と実践がともなわないので、本質的なところが何もわかってないのです。こうなると反省点もわからず次に活かせないので、何度も同じ失敗を繰り返します。

たとえて言えば、ゴルフの知識はあるけれど、実際にボールを打ったことのない人と同じでしょうか。理論ばかりでは、机上では役に立つかもしれませんが、現実にはボールは飛ばせないし、ゲームでは何の役にも立たないのです。

トップアスリートを思い出してみましょう。「もうバットは振れるから」と、素振りをしない選手がいるでしょうか？　いつどんなときでもベストパフォーマンスが出せるように基礎を一番大切にして何度も練習を繰り返しています。また、難関大の合格者がよく言うのが、「同じ問題集を徹底的に何度もやった」です。同じ問題集を何度もするということは、やらなくてもすでに答えはわかっています。でも彼らは、わかっていても何度も解くのです。「もう答えを知っているからやりません」という人はいません。だからこそ誰にも負けない基礎力をつけることができ、結果、本番も落ち着いて問題を解くことができるのです。

人間関係力も同じです。筋肉や脳と一緒で、日々の訓練で必ず鍛えることができます。自分はどんな人間関係で悩みやすいのか、どんな人が苦手で、どんな人が得意なのか、どんな人間関係を築きやすいのか、きちんと自分で認識することがまず大切です。そうしてはじめて原因がわかり、改善や解決する手段や方法が見つかるのです。

ご縁マップは、ぜひ何度もつくってみてください。そして自分の人間関係を構築していくパターンを知り、人間関係力を鍛えていってください。

自分の人生の名脇役は誰？

自分を客観的に知るために、今、目の前にいる人と向き合うことはとても大切です。これから変わっていくのか、変化を起こしている渦中にいるのか、ある程度形になってきたのか、今までをどう感じているのか、これからどうなっていきたいのか、これからどうなっていくと感じているのか……。

これらはすべて、ご縁マップを見ればわかります。人生の主役は、いつもあなた自身です。周りで応援してくれたり、背中を押してくれたりする人はみんな名脇役です。人生の物語はとても長く、1章では終わりません。序章から最終章まで、あなたの物語にずっと変わらず出演してくれる人と、その章だけにメインで出演してくれる人などさまざまです。でも、その人たちをあなたはすでに知っているのです。お腹のなかでは、あなたの人生を輝かせてくれる人を、あなたはわかっているのです。今のあなたの人生の物語にメインで出演してくれている人は誰でしょう？　これから出演しようとしてくれている人は誰でしょう？

実例体験談①

敵対しているのではなく、好きな相手と知り納得！

経営者Nさん・40代男性

何も考えずに、ただ思いつくままに6個の円に名前を書いていきました。「A」の位置「いつも一緒にいたい！好印象系ぞっこんグループ」に書いたのは部下。自分が教え導いていかねばと思っていたので、何か気づきのきっかけになればと本をすすめたり、一緒に講演会に行くこともありました。その部下のことは好きとか嫌いではなく、自分にないものを持っていて、自分にとって必要だから目の前にいると受け止めていました。ときにぶつかったり攻められたりしながら、貴重な学びをもらっているな……と、そんな印象を持っていたのです。

ですから、ご縁マップの説明で「自分がその部下を全力で大好き！」「頼りになる人」と思っているということを聞かされて、とても驚きました。「えっ！　自分が好きなんだ。敵対しているんじゃないんだ！」この言葉がスーッと胸に入ってきました。納得という言葉はこのためにあるんだというぐらいの感覚でした。実は内心、その部下に嫉妬していたのかもしれません。でも、ご縁マップを書くまではそんな感覚はありませんでした。自分にないもの……、人としてプラスのこともマイナスのことも含めて、それを自分の目の前に現れて「経験」させてくれる、そんな彼を実は自分がとても大好きな人であったとわかり、心が洗われる思いでした。

ほかの位置に書いた5名の人との関係も「なるほど！　そういうことか！」と納得がいくことばかりでした。その5名の人とのこれまでの関わりをあらためて思い返すと、そういうことだったんだと痛感することばかりだったのです。自分の人間関係の状況を潜在意識はすべて知っている。ただ潜在意識は表面の心に邪魔され知ることは難しいけれど、その潜在意識を知ることができるツールとしてご縁マップは多くの可能性を秘めていると感じました。1枚の簡単でシンプルなご縁マップですが、そこに人生を生き抜く「知恵」があり、争いごとのない「平和な世の中」をつくるエッセンスが詰まっているのです。本物ほど、シンプルで安くて（紙一枚!!）実用的です。ご縁マップは、今後も私の人生の羅針盤として人生を支え続けてくれると確信しています。

Naomiから――

なかなか部下である相手に対して嫉妬があるとははっきりと言えない人がほとんどなのですが（そんな感情は他人にあまり認めたくないものです）、すべてを素直に認められるNさんは本当に素晴らしい経営者だと思いました。また、この部下の人がご縁マップを書かれたときは、Nさんを**Cの位置（自分が構いたくなる人、自分が守りたくなる人）**に書いていて、この方も「納得です!!　そうなんですよ!!」と大ウケされていました。お互いに「なぜだ」とぶつかることはあっても、お互い内心はとても大切に思っていたのです。そして離れたいわけではなく、お互いによくしたいという気持ちがとても伝わってきました。

私から見ると「もう、お好きにどうぞ」という感じでしょうか（笑）。それほどいつも仲良くされている上司と部下です。目の前にいる相手は、自分に多くの気づきや学びを与えてくれる大切な人なのです。

実例体験談②

定期的に書くことで自分や相手の変化がわかった

自営業Kさん・60代

ずっと自分では性同一性障害だとは思ってもいませんでした。結婚をして子供にも恵まれたのに、次第に家族と上手くいかなくなりました。50代後半に入り性同一性障害の診断が下ったものの、家族は普通になれと言うばかり。長い間、自分というものがわからず、自分探しをしているときにNaomiさんとご縁をいただき、やっとあるがままの自分を受け入れ認めることができました。今までのことがすべて腑に落ち、目の前に広がる世界が総天然色に変わったときの驚きと感激を今も忘れることができません。しかし、それは自分だけのこと。「これが自分なんだ！　これでいいんだ‼」という確信を持てただけのことで、周りの人まではおよびませんでした。

そんなときに、はじめて書いたご縁マップのパートナーの位置はAでした。自分を

Naomi 情報

[ホームページ]

http://naomi-do.com

[ブログ]

http://s.ameblo.jp/naocchi2004/

★「なおみ道」で検索して下さい

受け入れることができたとはいえ、パートナーにまだまだ頭が上がらない時期です。関係が上手くいっていないのに「全力で好き」の位置に相手を書いていると説明されたことは受け入れがたいことでした。でも、だからこそ悩んでいるということもわかりました。

少しずつパートナーの気持ちを理解しようと努力し「わからないでもないが……」と思えるようになりました。しかし、それは今思うと、まだまだ自分中心のものでしかなかったのです。そして相手を責める気持ちから理解しようと変わってきたころに書いたのが**Bの位置（何でも話せる！　癒し系親友）**です。この状況になっているのは本音での対話がまったくなかったからだと、自分も反省するようになりました。

次に相手を書いた位置は**D（たまにカチンとくる!?　異星人系）**でした。「みな生まれ育った環境が違うのだから価値観はそれぞれ違って当たり前！　違う価値観のなかで、各々が自分にとってのベストをチョイスしている。自分にとっては〝ありえない！〟ことであっても、その人にとってはベストの選択なのだ。この違いはどこから来るのだろう？」と考えられるようになったのです。対立する相手を拒絶せず、意見の異なる価値観が違うことを認め、存在を受け入れ、相手のことを知りたいと思うようにもなっていきました。

現在の相手の位置は**C（離れられない！　依存系）**です。頭ではそんなことはないだろうといったんは消したのですが、違和感があって書き直しました。

私の場合、**A→B→D→C**と、そのときどきでパートナーの名前を書く位置が変わりました。自分の頭で考えているのと、心のなかの思いに温度差があること、自分のことだけでなく相手のことや相手との違いを知り認め受け入れること……。ご縁マップを定期的に書くことで、少しずつ自分が受け止められるものが増えていきました。今もいろいろとありますが、すべてはお互いを理解するために起こっていることだと受け止め、とても心穏やかに過ごせています。

Naomiから――

Kさんとはじめてお会いしたとき、ご自身のことを常に「わからない」と言われている状態でした。何を質問しても「わからない」しか返ってこないのです。

時間はかかりましたが、ご自身のことを受け入れられるようになると、次に新たな問題となったのがパートナーとの関係でした。このままでいいのだろうか、こんなに苦しいならもういい、そう思って投げやりになってしまうこともあったと思います。特に、パートナーシップではなおさらです。なぜなら、パートナーシップでの課題が、自分の魂を一番成長させるからです。一緒にいるのか離れるのか、どちらが正しくて間違いということはありません。大切なのは、お互いがお互いを通して気づいて学ぶべきことがあり、それを通して成長できたかどうかなのです。Kさんは、定期的にご縁マップを書くことで自らの気づきに正直に向き合いました。私の突っ込みに苦笑いしながらも、それでも向き合うことをやめなかったのです。

自分の気持ちに正直になること、素直になることは、一番ハードルの高いことかもしれません。でも、そのハードルを超えたとき、人生はキラキラと輝いていきます。ご縁マップがKさんの人生をキラキラしたものにするためのお手伝いができたなら、こんなにうれしいことはありません。

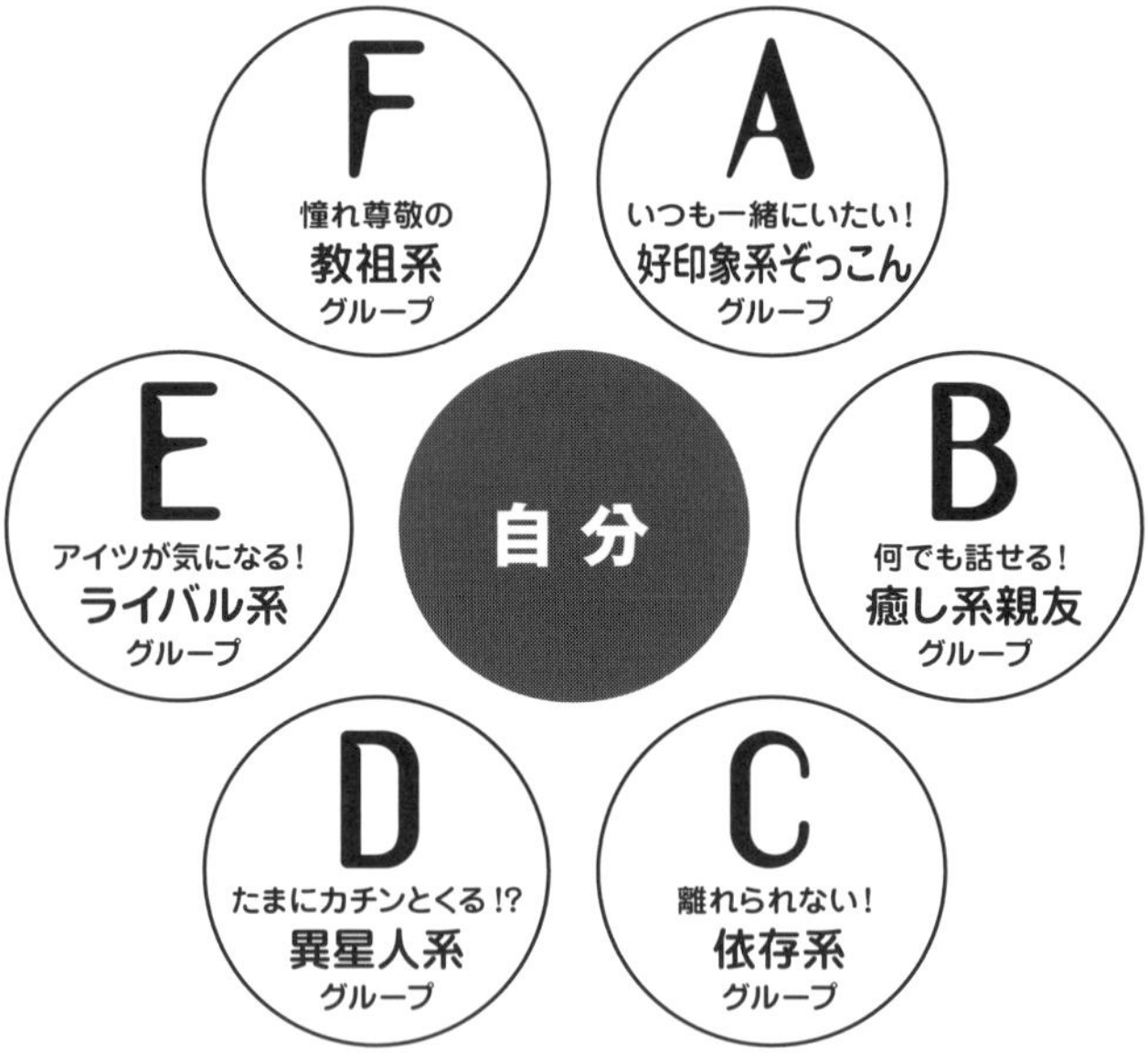
F
憧れ尊敬の
教祖系
グループ
A
いつも一緒にいたい！
好印象系ぞっこん
グループ
E
アイツが気になる！
ライバル系
グループ
自分
B
何でも話せる！
癒し系親友
グループ
D
たまにカチンとくる!?
異星人系
グループ
C
離れられない！
依存系
グループ

第4章

「ご縁マップ」徹底活用マニュアル

ここからは、ご縁マップの応用編です。具体的な人間関係の悩みを紹介しながら、ご縁マップに書いた位置の意味などを読みとき、それぞれの悩みを解決に導くヒントを解説します。また、これまで私が受けた相談のなかで多かった悩みについてのアドバイスなども紹介していきます。

恋愛・結婚関係

悩み1　片思い中の人に自分の印象をよくしたい

【Aの位置に書いた場合】

相手のことが大好きなのでついつい暴走しがちです。まだいまいち相手に気持ちが伝わっていないときは、あまり追いかけて負担をかけないことがポイントです。相手の心が重たくなる言動は控えましょう。自分の世界を楽しんでいるほうがかえって印象がよくなります。

【Bの位置に書いた場合】

友だち感覚で付き合っていると相手もよい印象を持ってくれます。ただ、そのままずっと友だちのまま終わってしまう可能性もあるので、たまにはギャップを見せるといいかもしれません。

【Cの位置に書いた場合】

自分が構いたくなる相手なので、あまり年下的な扱いばかりしないことです。べったりはしないけど、いつも見守ってくれている感が相手に伝われば、好印象につながります。

【Dの位置に書いた場合】

片想いの相手がくることは基本的に少ないのがDの位置でしょう。そもそもの価値観が違うので、最初の印象はよかったとしても、のちのち「何か違う？」と思いはじめることが多いのです。そのうち、別の人を好きになっている可能性大です。

【Eの位置に書いた場合】

Eの位置の相手には、変に勝とうとしないことです。相手に「すごいね！」と言うのを口癖にして、「私も頑張ろう！」と前向きな明るい発言をしていると印象が上がります。

【Fの位置に書いた場合】

Fの位置にくるのは、緊張感がある相手。ですから、しどろもどろになって会話にならないことがありますが、相手をきちんと敬いながら自分らしく自然に話すことを心がけることです。緊張しているなら「ごめんなさい。緊張して上手く話せないけれど、お話ができてよかったです」と素直に伝えると印象が上がります。

・はじめは楽しくても、長く続くかどうかは微妙な相手

事務職の30代女性が「ちょっと気になる相手がいるんです……」と相談に来ました。

ご縁マップでは相手は、Cの位置（ついつい構いたくなる人）でした。

彼女の話によると「気になるしいいなー、と思うんですけど……でもちょっと……」という煮え切らないお相手でした。私が「かわいいなーと思って、ついつい自分がお姉さんみたいになって構いたくなる相手ではないですか？　この方は、あなたから見て、あまり頼れる相手ではないかもしれません。どちらかと言えば、あなたが頼られるほうです。だから、あなたがオレについてこいタイプの相手を望んでいるのであれば、この方はちょっと違うかもしれませんね」そうお伝えすると、「ああ〜、わかる〜（笑）そう、気にはなるんだけど、ちょっと大丈夫かなって思うんです」と言われました。

彼女にはほかの種類のご縁マップも書いてもらったのですが、この相手を「将来的には疎遠になるかもしれない人」の位置に書いていました。相手のことは年下だしついつい構いたくなる人なのですが、「最初は楽しいだろうけど、その後はちゃんと続くのかちょっと不安……」と潜在意識では感じていたのです。今はまだ好きだし離れることまでイメージできないけれど、何となく不安はよぎる……。だから迷っていたのです。

「別れることがわかっているなら最初から付き合わないほうがいいですよね？」と言う人もいるのですが、そうではありません。別れることがわかっているとかわかっていないとか、今の段階では潜在意識で相手に対する不安があっても、その後の付き合い方次第で相手がAの位置（全力で大好き）の位置にくることもあるのです。逆に、Aの位置にいた人が、付き合っているなかでCの位置（構いたくなる人）にくることもあります。

どんな相手と付き合っても、「自分の経験と学びと成長」につながります。一番パートナーシップが魂の成長につながるのです。すべては「自分がどうしたいか」ということにつきるのです。

悩み❷ 恋人や夫婦の会話を増やしたい

【Aの位置に書いた場合】

相手のことを大好きなので、ついつい自分が勢いよく話しがち。相手の話もよく聞いてあげましょう。いっぱい話を聞いてほしいときは、「聞いてほしいことがあって話がしたいから、◯◯分ほど時間つくってほしいな」と事前にお願いを。単純なタイミングのズレで会話が減っていることがほとんどなので、ちょっとした間をねらって、一言二言の会話を増やしていくといいでしょう。また、「大好き」や「いつもありがとう」を毎日言い続けると会話が増えていく可能性大です。

【Bの位置に書いた場合】

Bの位置に相手がいる夫婦やカップルは「言わなくてもわかってくれている」「こんなことイチイチ言わなくても伝わっているだろう」と言葉で表現することを怠りがちです。すると、どんどん会話が減っていくので、休日はどこか2人で出かけるなどして、外からの刺激をもらうのがおすすめです。刺激によって、会話も自然と増えていくはず。

【Cの位置に書いた場合】

あなたが相手に余計なことを言って、相手が「構わないで」と思うこともしばしば。ついつい上から目線で言ってしまったり、説教くさくなってしまったりすることもあるので、相手の話をじっくり聴くことを心かけましょう。

【Dの位置に書いた場合】

相手と自分は価値観が違うと感じているので、軽く楽しい話をしているときはいいのですが、込み入った話がちょっと問題です。「伝えたいのはそこじゃないんだけど……」と、相手とのズレを感じることもあるでしょう。でも、それはそもそも違う考え方が異なるので、「なるほど、そういう考え方もあるのね」とまずは相手を受け入れましょう。いろいろ質問してみて「おお！　そこは一緒だね！」とゲームのように共通点を探し合ってもいいかもしれません。

【Eの位置に書いた場合】

そもそもあまり干渉しない相手。ですから話すときは話す、話さないときは話さない、とメリハリがあるかもしれません。でも、一緒にいる時間を増やすことで会話も少しずつ増えるはずです。

【Fの位置に書いた場合】

相手に遠慮しながら話をしていることも多いのがFの位置に相手がくる場合。もっと積極的に相手に話しかけましょう。一度にたくさんの話はできなくても、一番言いたいことを手短に話す癖をつけると、会話の量が少なくても満足できるようになるはります。

・ツーカーの仲だからこそ、あえて言葉にすることが大切

事務職の仕事もしている40代の主婦から、「旦那とほとんど口をきかない。何かもう、別れたほうがいいのかしら」と相談されました。子供もいない2人暮らし。旦那様も自営で、お互い自宅にいる時間が長いのですが、会話がないといいます。ご縁マップに旦那様の名前を書いてもらうとB（ツーカーの仲、気を遣わなくていい相手）でした。つまり、彼女は「言わなくてもわかっている、わかってくれている」ですごしてきているため、そもそも言葉に出して相手に気持ちを伝えていないのです。「だって、こういうときってこう思うじゃないですか。相手もそうしているし、特に伝えるほどのことでもないし……」。一事が万事、こんな感じなのです。

確かに言わなくても〝あうんの呼吸〟でできることもあるかもしれません。でも、そこをあえて言葉にすることも必要です。こういう人たちは刺激を与えると会話をしやすくなるので、2人で旅行に行ったり、イベントに参加してみたりすることで会話は確実に増えていきます。

悩み③ 恋人、夫や妻にイライラしたり、ケンカばかりしてしまう

【Aの位置に書いた場合】

一番ケンカが多いのが、Aの位置に書いているときです。好きがゆえに相手に求めるものが多くなり、ついつい求めすぎてぶつかります。ひとりの時間を充実させ、あまり相手にばかり意識を向けないことがケンカをしないポイントです。

また、相手に腹が立つことがあるけれど、基本的に相手のことが好きなので、「わかってほしい」という気持ちが強いようです。短くてもいいので、少し理性的に話をする時間をつくりましょう。直接話すと感情的になりそうなら、なるべく短いメールを打って「こうしてくれると、うれしいな♪」という気持ちを伝えるのもおすすめです。それを毎日積み重ねていくとイライラも減ってくるはず。好きだからこそくるイライラなので、ちょっとしたコミュニケーションの仕方で改善できます。

【Bの位置に書いた場合】

Bの位置の相手とは、あまりケンカをしません。1伝えると10わかってくれると自分が思っているので、相手に対して怒ることは少ないはずです。それでもケンカになるときは、2人の共通の友だちと一緒に外に出かけてみましょう。

わかってもらえると思う相手だからこそ、言葉で伝えることが大切です。しっかりコミュニケーションをとり、「ありがとう」の感謝の一言を忘れないようにしましょう。

【Cの位置に書いた場合】

Cの位置の相手とは、ケンカをするというよりも、「しょうがないわねえ」と叱ることが多いはずです。

あなたが構いたい相手なので、行きすぎると相手に依存してしまいます。自分の言う通りに相手が動かないことがイライラの原因ですが、どうしてもコントロール下におきたい気持ちが強くなりがち。なるべく相手の自主性に任せるように心がけましょう。自分が外の世界に意識を向けることです。友だちとちょっと出かけるよう心がけたり、ガーデニングを楽しんだりペットを飼ってもいいかもしれません。

【Dの位置に書いた場合】

ケンカの最中であったり、付き合いが長い相手であれば倦怠期のような時期であったりします。ただDに書く相手は、基本的に価値観や求めるものが違うので、ケンカを長く続けるというよりも距離を置くことや別れることで解決する人が多いようです。少し会う回数を減らすなどするのもひとつの方法でしょう。

また、そもそも価値観が合わないのでイライラしやすい関係でもあります。ただ、相手の言動から学べることも多いので、客観的に見る癖をつけましょう。「気づきをくれてありがとう」といつも心のなかで言うよう心がけましょう。

【Eの位置に書いた場合】

基本的に互いに干渉することはありませんが、ライバルのように気になる相手でもあります。ですからよく口論になるはずです。口論相手がいないのは、それはそれで寂しいので、ケンカが永遠に続くことはありません。つかず離れずの距離を上手に保ちましょう。

また、相手に勝とうとして衝突しがちですが、特に夫婦などのパートナー関係に勝ち負けはないので、変に競い合わないことです。素直に自分の気持ちを伝えることが大切です。

【Fの位置に書いた場合】

そもそも頭が上がらない相手なので、ほとんどケンカになりません。自分が我慢することのほうが多い、どちらかと言えば自爆パターンです。気心知れた人に悩みを聞いてもらったり、言葉を選びながら相手に自分の気持ちを小出しにしてみましょう。「あなたのおかげで」と相手を立てながら、自分の想いをきちんと伝える練習が必要でしょう。

・相手がAの位置にいると想いが強すぎて重く感じさえする

派遣社員として働く30代独身女性。バリバリの営業マンで年上の独身男性と念願叶って付き合いはじめたのですが、「相手は仕事でとにかく忙しくなかなか会えないから寂しい」と相談してきました。彼女の記入したご縁マップでは、Aの位置（全力で好き）に相手の名前を書いていました。

彼女は外でデートができなくても家で一緒にいられたらいいと、一緒に暮らすことを望んでいたものの、結局お互いの気持ちはすれ違い別れることになりました。私はその男性の本心はわかりません。ただ彼からすると仕事に没頭できる環境がほしかったために、いつも一緒にいたいエネルギーを出す彼女の気持ちを少し重く感じたのではないでしょうか。自分の側にいるだけ、世話を焼くだけよりも、彼女自身にも自分の世界を持って楽しい時間を過ごしてほしいと思っていたのかもしれません。

Aの位置に相手の名前を書く人は、相手も自分と同じ気持ちでいてくれるといいのですが、自分だけが想いすぎると相手に負担をかけることになってしまいがち。相手へ向けるエネルギーの2割でいいので、自分の興味のあることに使うといいでしょう。

・家事よりもパートナーに甘えることが最優先

「何もしない旦那にイライラする！」と、事務職として働きながら主婦業もこなしている40代女性からの相談がありました。話を聞いていると「いい旦那様じゃないですか」と褒めたくなるほど、家事も手伝ってくれているのです。ゴミ出しもしてくれるし、彼女が忙しいときや体調を崩したときは簡単なご飯もつくってくれる。何かあったときは相談にも乗ってくれていて、休みの日には彼女をデートに誘う旦那様だったのです。何が不満なのかよく聞いてみると、彼女のほうが「わかってほしい」気持ちが強いのです。

彼女がご縁マップに書く旦那様の位置はA（全力で大好き、頼れる人）。彼女は大好きだからこそ、家事も完璧にしたかったわけです。いつもキレイでデキる自分を旦那様に認めてほしかったのです。でも旦那様からすると、家事が完璧にできる彼女＝素晴らしい奥様ではなかったのでしょう。部屋が少々汚れていようが、おかずが少なかろうが、たいして問題ではないのです。

「家事が完璧なときよりも、あなたが笑ってご機嫌でいてくれるほうが旦那様は喜びませんか？」と私が質問すると「おっしゃる通りです……。ちょっと甘えたりするとすごく喜んでくれます」と、今度はおのろけがはじまりました。相手のことが大好きだからこそ頑張ってしまう自分もいます。「あれができてない、これができてない、洗濯物はこうたたんでよ！　何、その食器の洗い方！」と。でも、そんなことで奮闘するのではなく、「大好き！」と言って甘えるほうが相手は喜ぶし、自分自身もイライラが激減するものなのです。

悩み❹　この人と結婚していいのかと迷っている

【Aの位置に書いた場合】

「結婚したい」と悩んでいるというよりも、誰かに背中を押してもらいたいだけなので、相手と相思相愛なら結婚も早いでしょう。

【Bの位置に書いた場合】

友だちみたいで「ちょっと刺激がないかも」と感じているかもしれません。でも、何でも言い合えて一番穏やかに過ごせる相手です。ドキドキ、ワクワクは長く続かないものです。

【Cの位置に書いた場合】

自分が「この人、かわいい」とつい構いたくなるのがCの位置の相手。自分を引っ張っていってくれる人ではありません。頼もしい人やちょっと強引な人を求めているならCの位置に書く人は向きません。

【Dの位置に書いた場合】

Dの位置の相手は、求めているものや価値が違うので、自分のなかでも「この人ではない」とわかっているはずです。決断を焦るよりも、ほかに相手を探してみてもいいかもしれません。

【Eの位置に書いた場合】

穏やかに過ごす相手というよりも、ライバル的にちょっと気になる相手で落ち着きません。穏やかな家庭を求めるのであれば、ほかを探すことも検討してみましょう。でも切磋琢磨し合いながら成長するには、よい相手です。

【Fの位置に書いた場合】

Fの位置に書いた場合、付き合いはじめてあまり時間が経っていないなら、まだ緊張感が抜けない状態です。基本的に自分のほうが相手のことが好きで、遠慮しながら相手優先で付き合っています。「尊敬できる人が好き」という人には向いています。自分が言いたいことも素直に言えて穏やかに過ごせる相手がいいのであれば、もう少し一緒の時間を過ごして、せめてAの位置にくるまで付き合ってから結婚を考えてもいいかもしれません。

・結婚相手はBの位置ぐらいがちょうどいい

Ｗｅｂ系の仕事をしている30代の独身女性が、お見合いをした相手と結婚してもいいものかと相談してきました。ご縁マップに書いてもらうと、相手はBの位置（ツーカーの仲、気を遣わなくていい人）でした。

結局のところ、彼女にとって友だちのように話しやすいし気も遣わなくていいけれど、刺激が少ない相手なので恋人としては「物足りない相手」だったのです。「もし恋人を望んでいたならワクワクドキドキは少ないかもしれませんが、結婚していつまでもドキドキワクワクしていたら今度は落ち着きません。ゆったりまったり長く一緒にいるにはBの位置ぐらいが結婚相手にはちょうどいいのではないでしょうか」と伝えると、彼女はその人と結婚しました。結婚はゴールではないので、一緒にいて疲れない相手を選ぶのも大切なことだと思います。

悩み❺ 別れるべきかどうかわからない・離婚に踏み切れない

【Aの位置に書いた場合】

Aの位置に相手がいる場合は、自分が相手のことを大好きで気になってしかたない状態です。無理に別れても気持ちが残り、ふっきれるまでに時間がかかるでしょう。原因は相手にあるかもしれませんが、少し時間を置いて様子をみるのもひとつの方法です。また、本当に別れたいなら「好きだけど、別れる！」と覚悟を決めることが必要です。というより、本当に別れたいですか？　もう一度、自分に問い直してみてください。

【Bの位置に書いた場合】

別れる決定的な理由があまりないのがBの位置の相手。刺激がないので別れたいという感じでしょうか。平和なことがかえって退屈というわがままな悩みかもしれません。本気で別れようと思っていないなら、相手といつもと違うことをしてみるなど日々の生活に刺激を与えてみましょう。

特に夫や妻がBの位置にいる場合、なんだかんだと居心地がよい相手なので別れる決断をすることは難しいでしょう。本当に別れたいか、自分に問い直してみてください。

【Cの位置に書いた場合】

Cの位置の相手には、自分が面倒をみているという意識を強く持っているものです。でも実際は自分が相手にいてほしいと思っているので、6つの円のなかで一番別れることがしんどい相手でしょう。本気で別れたいのか気持ちをしっかり確認してみてください。

また、夫や妻に依存している場合、Cの位置に書くことが多くなります。まずは自分が精神的に自立することです。もし相手が離婚したくないと言っているから離婚に踏み切れないと思っているなら、それは逆。あなた自身がお腹のなかでは、離れられないと考えているから、結局離婚に踏み切れないのです。

【Dの位置に書いた場合】

ケンカの最中であったり、付き合いが長い恋人や永年連れ添った夫婦であれば倦怠期の時期に相手がきやすい位置。Ｄに書く相手は基本的に価値観や求めるものが違うので、ケンカを長く続けるというよりも距離を置くことや別れることで解決する人が多いようです。

また、自分とは価値観が違うと感じているので、本気で離婚しようと思えば一番離婚しやすい位置と言えます。離婚に踏み切れないのは、相手への気持ち以上に、ほかにも原因があるのではないでしょうか。

【Ｅの位置に書いた場合】

基本的に「あなたはあなた、私は私」と互いに干渉はしません。ただライバルのように気になる相手なのでケンカ（やさしい口論のようなもの）はよくします。いきなり別れるのではなく、ひとまず距離を置いてみるのも方法です。

元々あまり干渉しない夫婦の場合、相手がＥの位置にきます。今まで積み重ねてきた習慣を手放すことが怖い、あるいは面倒くさいと思っているかもしれません。手はじめに、ひとまず別居してみてもいいかもしれません。

相手に頭が上がらず、ほとんどケンカになりません。自分が遠慮して我慢することのほうが多いようです。

ＦやＡの位置の相手と上手くいかないとき、穏やかな人が目の前に現れてそちらに気持ちが惹かれるかもしれません。そして、その人はＢ・Ｃ・Ｄの位置にくることが多いのですが、その人にその瞬間は癒されますが、その人を選んでもまた悩むことになり、のちのち後悔する可能性が高いようです。Ｆの位置の相手にも遠慮せずに、自分の想いをきちんと伝えてみましょう。

【Ｆの位置に書いた場合】

Ｆの位置に夫や妻を書いた人は、相手と一緒にいるほうが自分も何かと助けてもらえると感じているかもしれません。尊敬はしているので、嫌いではないのです。自分が言いたいことも言えず我慢していることが苦しくて離婚したいのなら、そのグチを誰か信用できる人に聞いてもらって吐き出しましょう。本気で離婚したいというよりも、今、自分がいっぱい、いっぱいになっているだけという可能性もあります。

・相手への気持ちを再確認してもなお決められない

フリーランスの仕事をしながら主婦もしている40代女性が、「夫と別れたいんです。どうしたらいいですか？」とかなりの勢いで相談に来られました。聞けば、離れてはくっつき、また離れてはくっつきを繰り返えす、いわゆる「腐れ縁」でした。しかも、ご本人が飛び出しては戻ってくることを繰り返していたのです。もちろんご縁マップに書いた旦那様の位置はＡ（全力で好き）。

この状況で別れることはできないわけではありませんが、非常に難しいと伝えました。別れる場合は、本気で別れる覚悟を決めて、そう簡単には会えない距離まで離れるなどの段取りが必要です。そうでなければ、またすぐに元に戻ってしまうケースが多いからです。彼女は本気で別れたいわけではなく、いっぱいになってしまう相手への気持ちをたまにガス抜きするために飛び出しているように感じたのですが、結局「それでも別れたい……、でも、ああ、別れられないんだろうな……」をずっと繰り返していました。ご縁マップで相手への気持ちを再確認しても、決め切れずどうしようという感じでした。

結局選択するのは本人です。どうしたいのかを決めた人のサポートはできますが、決めない人に対しては何もできないのです。決意するまで待つしかありませんね。

・離婚に踏み切れない本当の理由は御主人が好きだから

50代の主婦の人から「夫と離婚すべきかどうか」と相談がありました。ご縁マップに旦那様の名前を書いてもらうと、Aの位置（全力で大好き、今一番気になる人）でした。「子供を抱えてこれからの生活はどうなるのか不安。子供のためにも別れたくないけれど、夫が離婚を望んでいる」と悩んでいるとのこと。話の途中には「あんな夫のことなんてどうでもいい！」くらいの悪口（？）も飛び出し、とにかく「子供のために」を強調されるのです。でもAの位置に旦那様を書かれているということは結局のところ、ご本人が相手のことを好きだから離れられないのです。子供のこともゼロではないでしょうが、根本的には自分の気持ちに原因があるのです。そうお伝えすると、「私が主人のことを好きだったんですね。納得できました。主人ともう1度話をしてみます」とにっこり笑って帰っていかれました。

家族（子育て・嫁姑）友人関係

悩み❶ 子供と合わない！　上手にコミュニケーションをとりたい

【Aの位置に書いた場合】

頭で合わないと感じているだけで、お腹のなかは子供のことが大好きで気になって仕方がないはずです。合わないのではなく、何か自分が素直になれない理由があるだけではないでしょうか。素直になれないのは、あなたとあなたの親との関係が影響しているかもしれません。

自分が子供のことに意識を向けすぎというケースもあるので、子供の気持ちを優先してあげましょう。自分の気持ちばかりを押しつけないで、外に自分の世界を持つことを意識してみてください。

【Bの位置に書いた場合】

お腹のなかでは子供とは合うし何でも言えると感じています。頭で合わないと考えるのは、自分のなかで素直に認められない何かがあるのかもしれません。ずっと合わないというのではなく、このときは合わないと「条件付きの合わない」が多いのではないでしょうか。あなた自身が子供にそのときどきでの評価を求めているのかもしれません。

Bの位置にいる子供は、いちいち言わなくてもわかっていますので、そっとしておきましょう。ただ、子供は子供で友だちではないので、友だち感覚でものを言うよりも親としてきちんと思いを伝えることです。

【Cの位置に書いた場合】

自分が子供に甘えて依存しやすい関係です。下手に出て子供を怒らせないように対応するのではなく、親として毅然とした対応を心がけましょう。

合わないと考えながら、実は子供の存在に救われているのではないでしょうか。いろいろと外の世界に意識を向けてみることをおすすめします。

【Dの位置に書いた場合】

お互いの価値観や求めるものが違うので、合わないと思うことは自然なことです。ただ、違うからこそ、自分もいろいろと気づきをもらえるので、その合わないところを楽しみましょう。合わないと感じても、子供は親が大好きで、自分を認めてほしいと思っているのです。「あなたはあなただよね」と子供の価値観を大事にしてあげると、子供も「わかってもらえた」と気持ちが落ち着きます。

【Eの位置に書いた場合】

子供相手に変にライバル意識を持ってしまうので、子供がすることにあなたがヤキモチを感じてしまうこともあるかもしれません。合わないというよりも、いちいち気になってしまって、自分が落ち着かないことを合わないと受け止めている可能性があります。一度、自分の本当の気持ちを確認してみてください。

また、自分が構おうとすればするほど子供が反発する可能性がありますので、そっとしておき、何かあるときに手助けできる準備をしておくのがおすすめです。

【Fの位置に書いた場合】

Fの位置にくる子供は、子供なりにいろいろと考えているものです。まずは子供に任せて見守り、子供が自ら助けを求めてきたときにサポートしてあげるといいでしょう。

また、子供のほうが、精神年齢が上の場合にもFの位置に子供を書く人が多いようです。いろいろあっても学び多き相手で、あなたが一目置いています。合わないのではなく、近づき難い存在だとあなたが感じているだけです。子供と話をする時間を積極的に持つようにしてみてください。

・子供に依存せず、自分の人生を生きる

40代の主婦の相談で、「受験生の子供が勉強しないし、自分の言うことをまったく聞かない」というものがありました。ご縁マップに子供さんを書いてもらうと、Cの位置（構いたくなる相手）にきました。

「少し子供さんの自由にさせてあげて、お母様はご自身が好きな習い事でもされたらどうでしょう？　子供さんのことも気なると思いますが、子供さんからすれば自分のことばっかり構われすぎてウザいと思っているかもしれません。ウザいんだけど、自分が怒ると、かえってお母さんが自分のことを腫れ物に触るみたいにあつかっている、と感じるかもしれません。叱るときは親としてしっかり叱って、お母さんは自分の時間を持ってください」とお伝えしました。

親が子を守りたいのは当たり前です。ただ、その方法が相手のためを思って構っているのではなく、自分が甘えたくて構っているのであれば、相手にとってはうっとうしく感じてしまうものです。またそれを言葉に出さずともエネルギーで相手に伝わってしまいます。子供に依存する生き方ではなく、自分の人生を生きていると、子供はちゃんと見てくれるものなのです。

・相手を否定することで自分の正しさを保とうする

50代の主婦から、「娘との関係があまりよくない。何を考えているかわからない」

と相談されました。ご縁マップに書いてもらうと、娘さんの位置はＡ（全力で大好き）。つまり、この方は、娘と合わないと思いながらも、娘さんがとても好きなのです。

娘さんはどんどん外に出ていろんなことに挑戦している人生を歩んでいました。それとは逆に、相談者は結婚してからずっと専業主婦。周りに合わせて生きるのは当たり前で、自分がやりたいことも封印して生きてきたから、娘さんをある意味羨ましくもあったのでしょう。

合わないと感じてしまうのは、自分ができなかったことを娘さんが叶え、自分のなかで「当たり前だ」と思っていたことをことごとく覆していく娘さんに嫉妬していたからなのです。相手を否定することで、自分の正しさを保とうとしたわけです。ですから、娘さんのことを潜在意識では大好きなのに、顕在意識では合わないということが起こるわけです。そして好きな相手とも合わないことがあってもいいということが認められず、悩んでいたのです。好きな相手には、自分の期待通りの相手でいてほしかったわけです。娘さんが悪いわけではなく自分のなかに原因があったことに気づかれて、彼女は笑顔になって帰っていきました。

悩み❷ 夫や妻の実家とトラブルなく過ごしたい

【Aの位置に書いた場合】

あなたは義父や義母を好意的に思っているのでトラブルはほとんどないでしょう。もし、この位置に義父や義母を書いていて「合わない！」というのなら、あなたのお腹と頭の義父や義母への思いに温度差があるだけです。そのことに混乱し、ひとりでトラブってているのです。

【Bの位置に書いた場合】

義父や義母に対して気心知れて気も遣わなくていいとあなたが思っていたため、良好な関係性を築きやすいでしょう。ただ、親しき仲にも礼儀ありなので、きちんとした対応をいつも心がけましょう。

【Cの位置に書いた場合】

あなたが義父や義母を守らなければならない存在だと考えているので、相手も「いつもよくしてくれてありがとう」と感謝してくれるでしょう。ただ、尽くしすぎないように気をつけること。もし、トラブルがあるのに、あなたがこの位置に義父や義母を書いていたら、あなたが義父や義母に依存しているので、ちょっと意識して距離を置いてみましょう。

【Dの位置に書いた場合】

義父や義母と価値観が違うと自分でもわかっているので、6つの円のなかで一番わかりやすいトラブルが起こりやすいかもしれません。実際にトラブルが起こっているなら、パートナーに協力してもらうなどして、まずは「そもそも求めるものが違うんだ」ということを伝えてもらいましょう。もし、話をしても伝わらない場合は、変に頑張ったりするのではなく、距離を置いて夫や妻、子供との家庭を大切にすることです。

【Eの位置に書いた場合】

義父や義母の存在が気になるかもしれませんが、お互い変に干渉しないほうが幸せです。必要なときだけ仲良くできるはずなので、つかずはなれずの関係を保ちましょう。

【Fの位置に書いた場合】

あなたが義父や義母を尊敬しているので、大きなトラブルになることは少ないでしょう。なあなあの関係ではないけれど、「かわいがってくれる」とあなた自身も感じているはずです。あなたが遠慮せずに親しく接したり甘えたりすると、義父や義母も喜んでくれるでしょう。

悩み③ トラブルメーカーの友人・知人と距離を置きたい

【Aの位置に書いた場合】

お腹のなかではその人のことは好意的に受け止めているので、距離を置くのは難しいでしょう。会社の同僚ならプライベートで食事に誘うなどして、会社の顔以外を見られる機会をつくってみるのもひとつの方法です。その人の意外な一面が見えたり、言動の意味が理解できたりして「トラブルメーカー」という認識が覆るかもしれません。トラブルメーカーだと頭では考えていても、自分にないものを持っていたり、自分ができないことを簡単にやってのけたりする同僚をあなたは「いいな」と感じているのです。

【Bの位置に書いた場合】

「トラブルメーカーだけど、イイ奴」とあなたが受け止めているので、距離を置くことは難しいはず。距離を置くことを考えるのではなく、プライベートで一緒に遊びに行くなど相手を深く知る機会を増やしてみましょう。

【Cの位置に書いた場合】

頭では距離を置きたいと考えていても、お腹のなかでは気になってしょうがない、ついつい手を出したくなるのがCの位置にいる人です。あなたは距離を置きたいとは思っていません。「できない子ほど、かわいい」という心情になっているはず。本気で距離を置きたいというのなら、あなたが覚悟を決めて離れることです。

【Dの位置に書いた場合】

Dの位置に書いた同僚とは、まったく考えていることが違うと感じているので、距離を置くことは容易でしょう。周りの目は気にせず、わが道を歩きましょう。

【Eの位置に書いた場合】

トラブルメーカーだとはわかっているけれど、何かと気になる相手がEの位置に書いた場合です。刺激をくれて、それが自分の学びや成長になる場合もあります。一緒に組んで仕事をしてみると意外な結果が出たりするので、冒険してみるのもひとつの手です。

【Fの位置に書いた場合】

トラブルメーカーに対して「あそこまでできるって、いいな。ちょっと尊敬」と、あなたの評価が高いのがFの位置の相手です。離れるというよりは、ちょっと離れたところで見物していたいくらいの気持ちではないでしょうか。近づいて話をしてみると、意外に「キミって、すごいね！」という発見があるかもしれません。

悩み❹ 親友と呼べる人がいない

親友という定義は人それぞれですが、「何があっても絶対的な味方をしてくれる人」ということでしょうか。長い人生のなかで、ひとりでもそんな人に出会えるということは、とても幸せなことです。ただ、親友というのは、誰かになってもらうのを待っているのではなく、自分が誰かにとっての親友になったときに現れるものです。あなたに「何かあったときには絶対に味方になって守る！」と思える人がいたら、あなたのうしろにもそんな人が並んで見守ってくれているでしょう。

ご縁マップでは、何でもわかってくれる親友というのは、Bの位置（ツーカーの仲）にきやすいようです。あなたが書いたBの位置には、誰がきていますか？　その位置に家族がきていても、親友を思う感覚はその家族と同じです。親友がいなくても、しっかりと心がつながっているパートナーや家族がいたら、親友がいる、いないはそこまで気にならないものです。「親友がいない」とは、「自分のことをわかってくれる人がいない」ということにもつながるので、親友を探すより先に、パートナーや家族とのかかわり方や絆に目を向けてみましょう。

外の世界にもつながりたいと思うときは、ご近所さんでは世界も限られてしまうので、家庭でもない子供の学校でもない、「自分」というものを表現できる世界に足を踏み入れてみることです。

悩み⑤ 新しい友人ができない

まずは、家と仕事場の往復だけで日々すぎてしまっている人は、いつもの通勤ルートを変えてみたり、行ったことがないお店に行ったりしましょう。

独立起業している人にとって、仕事とプライベートの区別なく友人というものはつくりやすいですが、サラリーマンにとって社内で友人をつくることはハードルの高いことだと思います。今は、仕事前やお昼休みの休憩時間を使っての〝朝活〟〝昼活〟が注目されています。サークルや習い事も充実しているので、外の世界に出てみましょう。また、「出会うだけ」なら簡単です。どんな友だちをつくりたいのか、単純に刺激がほしいだけなのか、何を思って新しい友だちがほしいのか、自分で具体的にイメージすることも大切です。

ご縁マップで、頭とお腹で、相手への思いに温度差がある人は、新しい友人とも温度差のある付き合い方をする可能性があります。今の友だちと上手くいっていないとか、付き合いはじめるといつも同じことで悩むという人は、その原因を自分で見つめ探っていかなければ、また新しい友だちに対しても同様に悩むことになります。

この人と友だちになりたい、新しい友だちができた、というときには、実際にご縁マップにその人の名前を書いて、自分の頭で考える相手への思いと、お腹のなかの思いの温度差がないか確認してみましょう。

悩み⑥ ママ友のいじめから脱出したい

ママ友の世界というのは、子供も巻き込むことになるため、やっかいなものです。

何か習い事や仕事をして自分が外に出る機会を増やし、ママ友の世界との接点をなるべく少なくするというのも方法です。自分の世界を持ち忙しくしていると、ママ友のコミュニティに意識を持っていく時間もなくなるので、いちいち気にすることも減っていくでしょう。

人というのは、同じ波長の人を引き寄せるので、いじめる側もいじめられる側も、やっていることは違っても、結局同じ波長を出しています。ですから、自分が相手と違う波長を出せば、波長が合わなくなって、現実に会うこともなくなっていきます。

まずは、自分の波長を変える努力をしてみましょう。それには、ママ友とは違う波長を出している人たちと一緒にいることです。ママ友が絶対に行かない場所や会わない人たちです。

ご縁マップにママ友の名前がいっぱい出てきている人は、その人たちを手放し、自分の世界を広げるために、新しい出会いを求めて外に出ましょう。

各位置の解説は、「トラブルメーカーの友人知人と距離を置きたい」を参考にしてください。

ビジネス関係

悩み1 苦手な上司との関係を改善したい

【Aの位置に書いた場合】

苦手という上司ですが、この位置にいる場合、自分はお腹のなかでは相手のことを好意的に受け止めています。ですから、そもそも大きな問題が発生する関係性ではありません。もしAの位置に書いた上司が異性であれば、恋愛感情があるかもしれません。それが上司に伝わってしまってお互いがギクシャクしているのでは？　自分が上司を意識しすぎてしまう分だけ、関係性の修復はとても難しくなります。上司にその気がないなら重たい想いを伝え続けるよりも、「冗談ですよ！」くらいの軽いノリで対応したほうが、仕事はやりやすいかもしれません。

【Bの位置に書いた場合】

そもそもあまりぶつかる上司がくる位置ではありません。ただ、距離が近くなりすぎた分、お互いの嫌な部分が互いに見えてしまい、一瞬距離が空いてしまったのかもしれません。もともとは何でも言える上司なので、腹を割って話すのも仲直りするひとつの方法です。

【Cの位置に書いた場合】

頭では、私がいるから上司がやっていけると感じているかもしれませんが、上司からすると、それがとても上から目線に感じることもあります。あなたは上司がいちいち絡んでくると受け止めているかもしれませんが、お腹のなかではあなたが上司に構ってほしいと思っています。「いろいろと私のことを認めてくださってありがとうございます」と口で言えなくても心で唱えましょう。

【Dの位置に書いた場合】

求めているものや最終的な決断に食い違いが出るのがDの位置に上司がくる場合。「自分と上司は違う」と割り切りましょう。わかり合おうとするよりも、お互いの違いを認め合うほうが大切です。違うからこそ、いろいろ気づきをもらえることも増えます。「そんな考え方もあるんですね！」と何でもプラスに受け止める練習だと想いましょう。

【Eの位置に書いた場合】

お腹のなかでは上司をライバルだと考えています。存在もやっていることもいちいち気になる相手です。でも、Eの位置にいる上司の場合、基本的には干渉しない相手なので、それぞれの世界観やテリトリーを大事にしながらコミュニケーションを取ることを心がけましょう。

【Fの位置に書いた場合】

苦手というよりも、厳しく頭が上がらないのでは？　また、上司に怒られると父親を想い出すなど、上司そのものを苦手としているのではなく、過去に嫌な思いをしたことが上司を見ると思い出されるので、苦手意識を持っていることも考えられます。いろいろコミュニケーションをとる機会をつくっていくと、その誤解は溶けていくかもしれません。

悩み❷　できない部下を叱れない

【Aの位置に書いた場合】

基本的に自分が相手のことを「イイ奴だ」と好意的に受け止めています。ですから、「まあいいか」と流すこともあるかもしれません。ただ、叱ったところで関係性が一気に崩れたり離れたりする相手ではありません。気がついたことはきちんと理性的に伝えれば問題はありません。

【Bの位置に書いた場合】

部下ながら何でもわかってくれる右腕のような相手なので、叱ること自体が少ないでしょう。友だちのように仕事以外の話もできる部下なので、かえって叱れないこともあるかもしれませんが、言葉できちんと伝えればきちんと聞いてくれる人です。

【Cの位置に書いた場合】

自分の子供のように可愛がっている部下で、甘やかしすぎてかえって叱れない原因かもしれません。あまり叱らないで甘やかしてばかりいると図に乗ることもあるので、気がついたことは先延ばしせず、気がついたときに叱るよう心がけましょう。

【Dの位置に書いた場合】

部下と自分とは「合わない」と感じがちなのがDの位置にいる場合。そう思っているからこそ、ますます叱りにくいのかもしれません。まずは「そもそも部下は、求めているものが違う人」という認識のうえで、自分で叱る以外に、第三者的な人や一緒にプロジェクトを推進している人に間に入ってもらうのもひとつの方法です。

【Eの位置に書いた場合】

Eの位置にいる部下に対しては、ちょっとしたジェラシーがあり叱りにくいのかもしれません。できない部下というよりは、自分よりできてしまうと悔しいから、何か叱りたくなる感情はないか、自分の胸に聞いてみてください。

【Fの位置に書いた場合】

仕事はできないかもしれませんが、人間的に何か学べる相手、自分が持っていないものを持っている相手だと感じているので、叱りにくいのかもしれません。部下のすごい部分と、ここを改善すればもっといいという部分を両方伝えるようにすると、スムーズに叱れるようになるでしょう。

相手への気持ち早見表

A 今、全力で大好きな人、今、一番気になる人、頼りになる人です。

B ツーカーの仲で1伝えると10わかってくれるような人、何でも言える人、学生時代からの親友のような存在の人です。

C ついつい構いたくなる人、過保護にしてしまう人、守りたい人です。

D 価値観が違う人、求めているものが違う人、追い詰められたときの判断基準が違う人です。

E ライバル的な存在、よくケンカもするけど、いないと寂しい人、あまり干渉をしない人です。

F 尊敬している人、憧れている人、頭が上がらない人、緊張感を持って接する人です。

第 5 章

「ご縁マップ」Q & A

Q1 「ご縁マップ」は本名やフルネームで書く必要はないのですか？

A
自分が誰を書いたのか把握できればいいだけなので、ニックネームやイニシャル、記号などでも構いません。

Q2 ペットや亡くなった人、まだ会ったことのない人や芸能人の名前を書いてもいい？

A
基本的には構いません。ただ、「ご縁マップ」は自分の周りにいる人や実際にかかわっている人たちを書くことで、自分の人とのかかわり方を見てその悩みを解決するための道具です。まだ会ったことがない人や芸能人の名前ばかりだと、悩みの解決という目的からは外れます。

Q3

「ご縁マップ」を完成させる理想的な時間はありますか？

A

特にはありませんが、名前を書くだけであれば5分もあれば書けると思います。どうやっても人の名前が出てこない場合もありますので、そのときは無理して書かずに空白のままにしてください。特に、心身ともに落ち込んでいる、心の病を患っている場合は、名前を書く事自体がしんどく、極端に時間がかかる場合があります。そんな場合は無理して書かずに、気分のよいときや回復したときにやってみてください。

Q4

空白の部分があってもきちんと診断できるのですか？

A

空白からも読みとることが可能です。全部埋めても、全部埋めきれなくても読みとれますから安心してください。4つ以上空白ができる場合は、個人セッションを受けることをおすすめしています。

Q5 「ご縁マップ」は1度つくるともうそれでいいのですか?

A

定期的に、何度もつくってください。自分の人生を変えたいと思っている人や多くの人に出会う人は1カ月に1度、そのほかの人は2~3カ月に1度作成すると、自分の人間関係の歴史のようなものや、どういう人とつながりやすいかなどの人間関係構築のパターンなども見えてきます。

Q6 気になる人や身近にいる人と一緒に書いてもいいですか?

A

ひとりで書いてください。ご縁マップは、本音の人間関係がそのまま出ます。気になる人や身近にいる人ほど、相手が自分のことをどう思っているのか気になるので、ついつい相手にどこに自分の名前を書いたのを確認しようとしてしまいます。自分と相手が相思相愛なら問題はないのですが、自分は相手のことをAの位置に書いているのに、相手のご縁マップには名前すら出てこなかったとか、Dの位置に書いているとなると、かなりショックを受けてしまいます。

ご縁マップは、あくまでも自分自身の人間関係を視覚化しその悩みを解決する手段として活用するものです。人間関係を悪化させるためのものではありませんので、ひとりの時間に書くようにしてください。

Q7 子供に書かせてもいいですか？

A 条件付ですが、構いません。大人が無理やり書かせないこと、きちんと周りの大人がフォローできる環境で活用してください。私自身は子供にご縁マップを書いてもらったことはないのですが、私のセミナーを受けた親御さんが、小学校高学年の娘さんに書いてもらったことがあります。そのときは、親御さんが娘さんのフォローをされていたので問題もなく、娘さんにも気づきがあったと報告がありました。ただ、お遊びでするものでもないので、実際に子供に書いてもらうときは十分にご注意ください。

Q8

「ご縁マップ」は、会社やコミュニティ等で活用してもいいですか？

A

いいえ。基本的にQ6でお答えした内容と同じです。上司が部下に強制的に書かせるなどの行為はやめてください。もし社内で活用したい場合は、心理カウンセラーなど第三者的な人に「ご縁マップカウンセラー認定講座」を受講したうえで活用してください。また、結婚カウンセラーやセラピストなど、他人の相談を受ける職業の人がカウンセリング時に活用する場合も同様です。

Q9

「ご縁マップ」にはほかに種類がありますか？

A

全部で7種類ありますが、本書でご紹介しているご縁マップで、十分に今現在の相手との関係性はわかります。実際に個人セッションで使っているのは基本マップを含めて3種類ほどです。ちなみに残りの2種類は、「未来予想図編」

と「役割編」です。より深く相手との関係性を知りたい、これから将来、お互いの関係性はどうなっていくのか、相手は自分にとってどんな役割を持っているのか、複数結婚候補がいる中で誰が結婚相手に向いているのかなどを読みとくことができます。これらのことを知りたい人は、個人セッションを受けることをおすすめします。

個人セッション・セミナー参加者の声

ご縁マップ、本当にスゴイです!! 意識せずに、ただ思いつくまま名前を書いただけなのに「将来この人たちとずっとつながっていくよ」「この人たちを大事にすれば、自然と自分に必要なご縁が広がっていくよ」と教えていただきました。ご縁マップをつくってからの出会いが、本当に自分に必要な人にしか出会ってなく、また、自分の夢へとつながる人しか出会わないのだと不思議と実感しました。これからも、このご縁を大事に、大事にしていきたいです。ありがとうございました！

（30代女性・経営者）

Ｎａｏｍｉさんは、とても話しやすい人で自分の本音を素直に言えたような気がします。大事にしたい人もはっきりわかり、自分のなかの整理がちゃんとできました。適当に並べただけなのに、ここまでバッチリ出るとは驚きです。また何かあればぜひ受けたいです。

（20代女性・学生）

ご縁マップを見ることで、自分の気持ちがはっきりすることの大切さと、人とかかわっていくことの大切さがわかり、かかわり方自体の勉強になりました。Ｎａｏｍｉさんの解説から、あらためて関係を見直してみると、今までも無意識にそのような関係だったなぁ、とびっくりしたのと、その人の大切さをあらためて実感できました。人間関係を見ることで自分の人生の方向性も見えてきました。見えてくると次の行動がしやすくなるので、これからが楽しみです。

（30代女性・セラピスト）

何気なく書いただけなのに、なぜか自分が叶えたい夢へとつながっていたのには驚きでした。これをしたことによって、さらに自分の夢が叶うと確信しました。ありがとうございました。

（40代女性・トレーナー）

セッションを受けてもっとも驚いたのが、師匠に関してです。確かに、自分自身のなかで「師匠を超えているかも」という思いが常々あったため、名前の配置だけで、それを言い当てられたことが、一番インパクトがありました。ご縁マップの凄いところは、（無意識に書いた）名前の配置だけでその状況や、その人に対して思っていることをズバリ言い当てられること。ビジネスでかかわりのある、ある方との関係についても、今後のかかわり方でとても参考になりました。ありがとうございます！

（30代男性・カウンセラー）

ご縁マップの個人セッションを受ける前に、この人とはなかなかご縁が切れない、ご縁を続けるのが大変、という人がいました。私は、相手とご縁が切れないのは、相手が原因と思っていたのです。ところが、ご縁マップで、私自身がご縁を切ろうとしていないということがわかりました。とてもびっくりしました。
「この方からご縁や新しいことが広がることは少ないのですが、この方とのご縁が疎遠になっても、そのことで別の新しいご縁が広がります。また、必要なときはその方にご縁がつながるから大丈夫ですよ。これからの新しい出逢いや情報などを広げてくれるのは、この方ですよ」とアドバイスをいただいて、意識して行動を変えると、急に出逢いや仕事、情報、ご縁、いろいろなチャンスが生まれました！　本当に!?　なんで、こんなことがわかるの!?　と、びっくりすることもたくさんありました。ご縁マップのセッションを受けて、たくさんの可能性が広がりました。節目、節目に、再度受けて軌道修正しながら最短でベストな道を進めていけるものだと思いました。

（30代女性・デザイナー）

最初は何も考えず思いつくまま名前を書き、その方との関係を教えてくださったのですが、「そうそう！　そうなのよ！」という人もあれば、「え？　この人とはそうなの？」と思いもしなかった答えなどもありました。でも、よくよく考えてみると「そういえば、私はこの人と一緒にいると、すごく気が休まっているんだよなー」など、たくさん気づかせていただくことができました。セッション終了後には、名前を書かせていただいた方々に、なんだか今まで以上の情がわいてています。ていねいにそして熱くたくさんのお話しをしてくださって本当にありがとうございました！

（30代女性・経営者）

Ｎａｏｍｉさんのお話の内容、本当にいいですね。前回のお話を聞いてから、人間関係とご縁の悩みが減ったとともに、望ましい人脈形成ができていると自覚できるほど変化がありました。学んだ内容を多くの人にお伝えしたいと思っています。

（30代男性・経営者）

独立・起業したての人、ビジネスオーナーには有益な話で、仲間にもシェアしたい内容でした。

（40代男性・経営者）

自分が今向き合いたい人たち、つながりたい人たちがわかって、これからこの人たちとどうかかわればよい関係が築けるのか、どんどん行動しながら模索したいなと思いました!! あと、ご縁マップに書いた人たちは、みな自分にとって大切な人なんだとわかって、安心しました。これからが楽しみです。

（30代女性・会社員）

短い時間で、経験に裏づけられたものを惜しげもなくどんどん伝えてくださるお姿に、Ｎａｏｍｉさん素敵！ と感動して泣きたくなったのが１度ではありませんでした。今まで受けたセミナーで、もう、ここ数年で一番、いや今までのなかで最初からからウロコポロポロ!! の内容でした。さりげなく大切なことをいっぱい言われていたので、ホテルに戻り、その日の夜にノートを整理したセミナーははじめてです。この内容で、この金額は安すぎます!! 素敵な時間を本当にありがとうございました。

（40代女性・会社員）

第 6 章

ご縁に恵まれるために できること

ご縁が人を成長させる

どうしてご縁に恵まれるのか、どうして自分もよいご縁がほしいのか、考えたことはありますか？　ご縁に恵まれるときは、自分がどんなときでしょう？　どんなご縁を自分は求めているのでしょう？

ご縁に恵まれるのは、自覚のあるなしにかかわらず、自分自身がそのご縁を必要としているからです。ご縁を必要とするのは、自分が変わりたいと思っているからです。自分を大きく成長させてくれるご縁に恵まれたいと感じているからです。

人間は「魂の成長」をするために生まれているので、その成長に必要なご縁を無意識に求めます。「どうしてこんな人と出会っているの？」「どうして、今こんなつらい別れが来るの？」と思うかもしれませんが、自分の成長段階に合わせて、ベストなンタイミングでご縁というものはやって来るのです。

知り合いをたくさんつくることはとても簡単です。人とのつながりはたくさんあるほうがいいというのも間違いではありません。それでも自分の利害だけを求めたり、自分の孤独を解消するためだけの、建前だけの関係では長続きはしません。なぜなら、そういう人からは安心感が得られず、また信頼関係の上でお互いを活用することができないからです。人とのつながりがあることと孤独にならないことはイコールではないのです。

自分で管理できないほどに知り合いを増やすのではなく、仲間になりたい人と深くつながることを意識しましょう。誰にでもイイ人になるのではなく、誰かにとってイイ人になることのほうが質のよいご縁が広がっていくのです。そのためにも、大切な人と一緒にいる時間を増やしましょう。

スゴイ人につながることがスゴイことではない

あなたは、未来にどんな人につながりたいですか？　今、どんな人とつながっていますか？

スゴイ人につながることが、スゴイことではありません。自分がどんな人とかかわりたいか、一緒にいたいかが大切です。そんな人と出会えた結果がよいご縁であり、そのために行動することで自分が成長できます。

どこでどんな人に出会えるかなど本当にわかりません。一つひとつの小さなご縁がとても大きなご縁になり、自分が会いたいと、一緒にいたいと思っている人たちに続いていきます。一つひとつの小さなご縁の過程で自分も成長し、その結果、大きなご縁に広がっていくのです。そして、自分がとても成長していることに気づくのです。

一つひとつのご縁から何かを学び、自分自身を成長させることです。成長していない自分に質のよいご縁は寄ってきません。与えられない人のところにもご縁はやってきません。

自分がつながりたかったら、まず誰かをつなげましょう。ほしいと思ったら、まず与えましょう。自分から発信する、行動することで、はじめてご縁は広がっていきます。

不特定多数より特定の数人

たくさんの人と知り合えば、それ以上にたくさんの人と出会えると思いがちです。

でも、それよりも、少数の人と「しっかり」つながったほうが、結果的に自分が本当に求めているたくさんの人につながっていきます。人数ではないのです。

たとえば交流会。気合いを入れて参加して名刺を配りまくったところで、ほとんどと言っていいほど反応が返ってくることはありません。それは名刺を配ることが目的になって、自分で「こんな人とつながって返ってくる！」と意識できていないからです。

どんな人と知り会いたくて参加しているのでしょう？　たとえその交流会で100人の参加者がいようと「たったひとり」としっかりつながることを意識すると、ご縁というのは必ず広がっていきます。「不特定多数の人よりも特定の数人」でご縁というものはできているのです。

ですから、あなたの身近な人からの「紹介」という手段が一番確実で質のよいご縁を広げてくれます。初対面の人が苦手とか、口下手だとかそんなことで悩む前に、大切な人から「『あなたに』ぜひ紹介したい人がいる！」そう思ってもらえる自分でいましょう。そんな自分になっていけば、自分から名刺を配らなくても相手から興味を持ってもらえる自分にもなっていきます。自分としっかりつながっている人が名刺の役割を果たしてくれるのです。あなたのことを一番理解してくれている人に紹介してもらうことが何よりも素晴らしいご縁になります。あなたの目の前にいる人は、あなたに一番素晴らしいご縁を持ってきてくれるスーパー営業マンなのです。

もし交流会に参加するのであれば、ご縁を広げるというよりもコミュニケーションの練習の場だと考えましょう。初対面の人と話をする機会を得ることで、どうすれば相手の印象に残るか、相手と仲良くなれるかが体でわかってきます。

また、もう一度会いたい、そう相手に思ってもらえる人になれば、ご縁はどんどん広がっていきます。もう一度会いたいと思われる人は基本的にノリよく会えて、去り際も明るくさわやかです。存在自体が魅力的な人です。そして会話が貴重な情報交換になっています。たった一言に、「なるほど！」と気づきを得て学べる哲学がそこにはあるのです。人は成長するために生まれてきています。そんなチャンスをくれる人に、自分にプラスを与えてくれる人に、人はまた会いたくなるのです。

無理をしなくても、必ずつながる

ご縁は、一段一段階段を上がっていくように広がりはしません。最初は、広がっているのかつながっているのかわからないような感覚です。

自分と誰か、自分と誰か、自分と誰か……。

その誰かとのご縁を大切に深めていく。そんな関係を繰り返しているうちに、あるとき、それが一気につながりはじめ、人と会う機会も倍々に増えていきます。また、人と会う機会が増えることや、ご縁をたくさんもらうことは素晴らしいことですが、今度は確実に選択を迫られることが起こります。あなたが心から必要としている人に出会えるかどうかの選択です。ここでは断る勇気を持つことも必要です。〝イイ人〟になりすぎないことです。人と会うことはとても楽しいことですが、それだけエネルギーも消耗します。初対面なら、なおさら気も遣うし緊張もします。それをずっと続けたら、確実にエネルギー切れになるのは目に見えています。

会っているときは楽しいけど、家に帰ったらどっと疲れた……というときは要注意です。本当に楽しい時間を過ごしていれば、心地よい高揚感が自然とじんわり家に帰っても続きます。ほんわか温かい気持ちになったり、浄化されたような気分になったりします。

広く浅くより、あなたが本当に大切だと思う人と深くつながる意識を持ちましょう。あなたにとって本当に必要なご縁なら無理をしなくても必ず出会えます。ただし、あなたにとって必要なご縁がきたときに受け止められる準備だけはしておきましょう。

とはいえ、今まであまり外の世界にいる人と触れ合ってこなかった人は少し意識して外に出てみることです。新しい人と出会っていくことによって自分がどんな人と出会いたいのか、どんな人と一緒にいたいのかがだんだん見えてきます。その過程で無理をしなくてもつながる感覚がつかめてきます。

本当のご縁が見えるのは、「何かあったとき」

無理してつながった人は簡単に離れて行きます。付き合う期間が長かったとしても離れるときは一瞬です。

「え!? なぜ離れて行ったの？ 今までの関係は何だったの？」とショックを受けることもあります。連絡もなく離れる人も、何かあったらパッと離れる人もいます。「何かある」そんなときに、人は本音が出るのです。

離れるときは、離れます。どうやっても離れますから、いちいち気にしないことです。無理は続かず、自然だと続きます。

ですから、必死に頑張らないことです。ちゃんとつながっている人とは自然と続きます。離れる必要があれば離れるし、一緒にいる必要があれば一緒にいる。すべてはお互いの成長のためなのです。

また、長い人生において自分自身が行き詰まってしまうこと、八方塞がりになること、どん底まで落ちてしまうこと、もうダメだと思うこと、苦しくて、苦しくてどうしようもないこと……、そんなことが何度かあります。〝いつも〟ではありません。〝何度か〟、です。もしかしたら、人生でたった1回かもしれません。

そんなときに人は、誰かに側にいてほしい、誰かにすがりたい、ただ手を握っていてほしい、ただ抱きしめていてほしい、ただ胸のなかで泣かせてほしいと心の底から思います。解決策を望んでいるというよりは、ただ自分はひとりじゃないと思いたいのです。

一生懸命に生きているからこそ、必死に頑張っているからこそ、そう思います。自分がそんな人生の数回に出会ったときに、たった一瞬のために、あなたに会いに来てくれる人がいたらどうでしょう？

かかる時間もお金も関係なく、ただあなたの顔を見に来たよと、ただあなたの姿を見て「よかった」と言ってくれて、ただ会えてよかったと、手を握ってぎゅっと抱きしめて、大丈夫だよと、その一言を伝えるためだけに会いに来てくれる人。人生に何度か起こるそんなときにこそ、人の本音やその人自身がよく見えます。いつもベタベタくっついていることや仲がよいことがつながっていることではありません。本当のご縁が見えるのは、「何かがあったとき」なのです。

あなたには、「何かあったら一瞬のためにでも必ず駆けつける」そう自分が心に決めている人はいますか？　思ってもらう人がいないと嘆く前に、自分がそう思える人がいることがとても幸せなことなのです。

頼まれたからといって、断り切れずについつい応えてしまうこと。これは相手のためにも、自分のためにもなりせん。相手の人生や生き方にかかわるようなことであれば、なおさらです。

もし何が起こっても最後までその相手とかかわると、覚悟を決めて責任が持てるなら何をしても構いません。でも、最後までかかわる責任も持てず、自分が嫌われたくないためだけの優しさなら、それは相手にとっても自分にとっても心から大切に思う優しさではありません。

あなたは相手に本当はどうなってほしいと、自分が本当はどうしたいと思っていますか？　あなたの生き方を、相手へ強要することはできませんが、想いを伝えて共有することはできます。

真の優しさは、ときに厳しいものなのです。

同じ世界にいる人とは、離れていても出会う

近くに住んでいるのに、まったく会わない人。遠くに住んでいるのに、駅のホームでばったり会ったりする人。

人は、自分と同じ世界にいる人に会います。どんなに近くに住んでいても、相手といる世界が違えばほとんど会うことはありません。ところが世界が同じなら、県外だろうが海外だろうが、どこにいてもなぜか会えるのです。

世界とは、ステージのこと。あなたが輝く舞台のことです。

舞台が違えば、意識的に会おうとしても会えないときがあります。舞台が同じなら、

意識しなくても会えることが増えます。あなたの舞台が変われば周りにいる人が変わるのです。

ただし、忘れてはいけないのは、多くのご縁は、今、目の前にいる人からしか広がらないということです。確実につながるためには、今、目の前にいる人を大切にしましょう。まず、自分から与え、自分から愛しましょう。いつもべったり、変な過保護やおせっかいで接することが大切にすることではありません。その大切な人が何かあったときに、いつでも駆けつけて助けられ、無条件で味方できる、そんな想いと行動力があるかどうかです。

本当にご縁がある人は、現実に会う会わない関係なく、不思議と安心感がある人です。

ご縁にも四季がある

ご縁のある人と、距離が近くなったり離れたり、また近くなったり遠のいたり、こういうことは必ずあります。ご縁は離れたから、完全になくなるというものではありません。また、近しいから確実に深まるというものでもありません。新しさを楽しむとき、少し気づくとき、じっと深めるとき、動くとき、ご縁にも四季があります。

〝春はあけぼの〟のように希望に胸をふくらませ、新しい道につながるとき。

〝夏は夜〟のように暗いなかでも不安もなく、照らされた光と熱い想いで満たされるとき。

〝秋は夕暮れ〟のように遠のく空や沈む夕日のような寂しさのなかにも温もりのある心の居場所を感じるとき。

〝冬はつとめて〟のように冷たくピンと張りつめた澄んだ空気のなかでも、寒さを感じさせない本当の温もりと安らぎを感じるとき。

ご縁は深めることで新たな発見があり、気づくことで、また学ぶことができます。離れることで少し熟成され、また近づくことで新しいご縁やより深いご縁につながります。ご縁の四季を繰り返すことで、自分の人生も深みを増していくのです。

あなたに、たった一言を伝えるためのご縁もある

たった一言をあなたに伝えるために、あなたの目の前に現れる人もいます。その時

期だけ、あなたを支えるために、あなたの側にいてくれる人もいます。あのときの、あの人の一言に救われた。あのとき、あの人が側にいてくれたから乗り切れた。そう思う人がいるはずです。

長い人生において、たった一瞬かもしれません。でも、その一瞬が人生において何よりも大きな意味を持つのです。その人の一瞬が、あなたにとっては永遠のこともあります。真実のつながり、真実の愛は長い人生のなかで、たった一瞬のためにあるものでもあるのです。

仮に、その人と今は縁遠くなってしまってもいいのです。ご縁とはそんなものなのです。必要なときは、またご縁が深くなります。あなたがその人のことを大切に思い、感謝をし、その思いをまたほかの誰かに伝えてあげたらいいのです。

自分がしてもらったことをその人に返すことだけを考えず、あなたの一言やあなたの存在を必要としている人に、待ってくれている人に回しましょう。そうやって、温かいご縁はどんどん広がっていきます。

本気で変わりたいときは、ひとりで行動する

新しい世界の人とのご縁がほしいときは、「誰かと一緒」ではなくひとりで行ってみましょう。

誰かが行くなら行く。あなたが行くなら行く。あなたが行かないなら、私も行かない。あなたが行かないなら、私もやめておく。

ここには、あなたの意思は微塵も働いていません。自分で行きたいと思ったらひとりででも会いに行きましょう。会いに来てくれる側もひとりで来る、ひとりで来てくれたというその勇気と意欲を買ってくれます。だから、つながり方も加速するのです。「あなた、また来たの？　また、ひとりで来たの？」と、とても気にかけてくれます。そういう場所にはひとりで来ている人もいっぱいいます。「どこから、来られたんですか？」「何を見て来られたんですか？」「へぇ！　私も興味あります！」「楽しかったですね！　電車まで時間あるなら、帰りにお茶して帰りません？　来るときに、美味しそうなカフェがあったんです♪」新しい友だちがたくさんでき、一気に自分の世

界が広がっていきます。

また、自分が変わろうとするときや変わりたいと思うとき、周りを一緒に巻き込もうとしないことも大切です。古い友だちを誘う、会社の同僚を誘うなど、誘うことそのものはよい情報を共有するということで素晴らしいことです。でも、自分ではよかれと思ってやっていることでも、相手が求めていなければ、大きなおせっかいになってしまいます。自分ひとりで行動するのがちょっと怖いと思って誰かを誘うことも、自分が大きく成長するためには、かえって足かせになることもあります。

友だちを巻き込もうとか身内にわかってもらおうとする前に、まずは自分が先に変わってしまいましょう。まだイカダの自分で周りを誘っても安全に乗せることもできません。大海に出る前に、沈んでしまうのがオチです。でも、自分が豪華客船に成長して戻ってくれれば、いくらでも大切な人たちを乗船させることができます。誰かに遠慮して、誰かに罪悪感を覚えながら、変わろうとする必要はありません。

変わりたい！　そう思ったなら、ひとりで行動しましょう。そして、同じ思いで進める仲間や同志をつくりましょう。彼らと一緒に豪華客船を先につくってしまうのです。それから大切な人たちを迎えに行っても遅くありません。変わっていくあなたを見て最初は興味を示さなかった人たちも、興味を示してあとに続く人もいるでしょう。自分が変わることに、誰に遠慮も要らないのですから。

ご縁の法則

「素敵な人だな」「素敵な生き方しているなぁ」「この人と話がしてみたい」「語り合ってみたい」。そう思う人に出会ったときは一緒に食事をする機会をつくりましょう。お洒落なカフェで美味しいケーキでも、話題のイタリアンレストランで美味しいパスタでも、ちょっとケータリングしていつものサロンでパーティでもいいのです。

「一緒に食べる」このことがとっても大切です。1対1が難しいときは、何かの集まりでもパーティでも気になる人が参加しているものに参加して機会をつくりましょう。

食べることとは、生きること。ですから一緒に食べると、その人の生き方が見えてきます。その人の本来の姿が見えてくれば、その人との距離がぐっと近くなります。

「いつもどんなところに食べに行くのかな?」「何をこだわって選んでいるのかな?」「好きな食べ物って何だろう?」「どんな雰囲気のところが好きなんだろう?」「何を

考えているんだろう？」「今まで、どんな生き方をしてきたんだろう？」こんなことが気になる人は、お茶や食事に誘ってみましょう。気になる人にお茶や食事に誘われたら、相手もあなたが気になっているということです。

誰かに出会えば、誰かが去り、誰かと仲良くなれば、誰かと疎遠になります。ご縁は恵まれるだけではなく、ご縁には別れもあります。新しいご縁に恵まれたいなら、今のご縁を手放しましょう。あなたのステージが変われば、人間関係も変わるのです。あなたのステージを変えたいなら、人間関係を変える必要があるのです。

それは決して悲しいことではなく、子供のころの卒業式と一緒です。今のあなたが必要な人に出会うように、今までのあなたに必要だった人は卒業していきます。そうやって、人は成長していくのです。

私にとってご縁とは

私にとって、「ご縁」＝「財産」です。かけがえのないもの。宝物。お金では決して買えないもの。自分の人生の通信簿とでも言えばいいでしょうか。

自分の今までの生き方を評価されるところ。これからの自分の可能性を秘めているところ。どんな人とつながって、どんな人が自分にも興味を持ってくれているか。どんな人が、自分を応援しようとしてくれているか。どんな人が、自分を成長させてくれるか。自分は、どんな人のお役に立ちたいか。何をしたいかより、誰といたいか。人は、そばにいる人で自分の成長が決まります。人は、人とかかわることでしか成長はできません。

ご縁とは、自分がどんな人とかかわりたいか、つながりたいかです。その結果が、ご縁なのです。そんな人につながっていこうとすることで、自分が成長できます。

私のなかでは、著名だろうが主婦だろうが、正直まったく関係ありません。著名な先生を、主婦の人から紹介してもらったこともあります。どこで誰がつながっているかなんて、本当にわからないのです。

一つひとつの小さなご縁が、とても大きなご縁になります。自分が会いたい、自分が一緒にいたいと思っている人たちに続いていくのです。

ご縁は、すべての種です。成長も、成功も、幸せも、豊かさも。きっかけは、誰にでも平等に与えられています。あとは、気づくか気づかないか。行動するか行動しないか。選択は、自分自身。でも、今の自分では少し背伸びをしないといけないような行動をすると、ビックリするくらい世界は広がります。

「ご縁」

私の大切な宝物です。

おわりに

人間関係の悩みは、人が生きている限り永遠になくなるものではありません。SNSも高度に発達し、実際に会わずして簡単に人とつながることができる時代にあっても、人間関係の悩みがなくなることはなく、逆に増え続け、もっと深刻化し、人はいつもそれに振りまわされ、ストレスを抱えています。

実際に会う、会わないは関係ありません。結局は、自分の心のなかに、悩みの原因はあるのです。相手ではなく、自分なのです。同じ悩むなら、実際に会って相手の目を見て、相手の温度を感じながら悩みましょう。面倒くさいかもしれませんが、そのほうが、人間関係力は格段についていきます。人間関係は、そもそも泥臭いものなのです。でも、だからこそ、一番学べ、一番成長できます。激動の時代を自らあえて選び、生まれてきている私たちですが、時代は、縦社会であるカリスマの時代から、横社会の共生、共存、共創の時代になりました。共に生き、共に在り、共に創る時代とは、人間関係力が一番問われる時代です。

お互いを想いやり、お互いを認め合い、お互いを活かし合い、お互いを慈しみ合い、お互いを愛し合い、お互いを感じ合い、ともに生きる——。

意識や気の力のこともわかってきて、それを上手に活用すれば生きやすくなると知り、どれだけそれを実践したとしても、肉体を持って3次元に生かされている私たちにとって、目の前にいる人との関係性やつながり、息遣いや温度を感じることは何よりも大切です。そして、何よりも自分の人生を左右します。

誰と一緒にいるか、誰と一緒に人生を生きるのか——。これからは、このことがもっと大事になっていきます。一緒にいる人で、自分が出す答えは決まります。誰と一緒にいるかで、自分の人生が決まるのです。

「ご縁マップ」が、人間関係力を鍛えるために、幸せだと思える人生を歩むために、少しでもお役に立てれば幸いです。

本書は、船井グループの株式会社51コラボレーションズの服部真和社長が企画されたスピリチュアルサミット（9人の講師によるコラボセミナー）で、服部社長がビジネス社とつなげてくださったことで実現しました。いつも親身に気にかけて多くのチャンスをくださる服部社長に、セミナー終了後すぐに出版を決めてくださったビジネス社の唐津社長に、内容構成やタイトルにいたるまで親身にアドバイスをくださった岡留理恵さんに、心から感謝いたします。そして、いつもブログやメルマガを通して、Ｎａｏｍｉの言霊を読んで応援してくださっているあなたに、いつも温かく見守ってくれる両親・家族・仲間に心から感謝いたします。

Ｎａｏｍｉ道とは

『Ｎａｏｍｉのコピーを創るものではなく、Ｎａｏｍｉの道を広めるものでもなく、あなたが変わるきっかけとしてＮａｏｍｉとつながり、入り口はＮａｏｍｉの道だったけれど、出口を出るときはあなたの道になっている』

そんな道のことです。

本書を読んでくださったあなたが、あなたの道を歩めることを心からお祈りしています。

あふれるほどの温かい光が、いつもあなたに降り注ぎますように…☆

Ｎａｏｍｉ

【著者プロフィール】
Naomi　（なおみ）
色・アート・香り・言葉などを活用し、目には見えない潜在意識をわかりやすく具体的に顕在化（視覚化）する専門家。現状の潜在意識の人間関係を具体的に視覚化する「ご縁map」考案者。
トップアスリートのメンタルトレーニングや代替医療の現場で使用される東洋医学の発想に基づいた瞑想用の特殊な香りを、オーラ・チャクラ測定器・脳波測定器などでその効果を視覚化し、カウンセリングしながら販売する仕事に携わる。五感刺激による潜在意識活用方法や色霊や言霊によるヒーリング、「色霊アート（いろだまあーと）」・「ご縁map」などの自己開発メソッドを提唱しながら、個展開催するなど幅広い活動を展開中。

編集協力／岡留理恵

ご縁マップのつくり方

2016年10月1日　第1刷発行

著　者　Naomi
発行者　唐津　隆
発行所　株式会社ビジネス社
〒162-0805　東京都新宿区矢来町114番地　神楽坂高橋ビル5F
電話　03-5227-1602　FAX 03-5227-1603
URL　http://www.business-sha.co.jp/

〈トータルデザイン〉中村聡
〈印刷・製本〉モリモト印刷株式会社
〈編集担当〉本田朋子　〈営業担当〉山口健志

ISBN978-4-8284-1911-4